Bar Dream

どん底からはじまる
「BAR経営」のサクセスストーリー

六川正男
ROKUGAWA MASAO

幻冬舎 MC

Bar Dream

どん底からはじまる
「BAR 経営」のサクセスストーリー

バー経営には華がある——ようこそ、夢の劇場へ

片道切符となけなしの数千円をポケットに入れて、生まれ故郷である山深い軽井沢の片隅から、私が上京してきたのは18歳のことだった。

その後、紆余曲折を経て、23歳のときに東京池袋に小さなバーを開業。苦労に苦労を重ねて、今では都内に直営店5店舗を展開するとともに、フランチャイズ事業にも乗り出し、バービジネスを志す方々の開業・経営のお手伝いをできるまでに成長することができた。

それもこれも、私のバーを愛して来店してくださった多くのお客さまと、私とともに走り続けてくれた仲間たちのおかげと心から感謝している。

ようこそ、夢の劇場へ

バー経営には華がある

バーは「夢の劇場」だと私は思う。そう思ったからこそ、こつこつと貯めた資金で自分の店をもち、今でもそう思うからこそ、仲間たちとともに来店されるお客さまに楽しいひと時を過ごしていただけるよう心がけ、バー経営を目指す方々の「夢の実現」「幸せの実現」「情熱の実現」に向かって、誠心誠意お手伝いさせていただくことができているのだと思う。

私が経営し、自らがカウンターに立ってお客さまをお迎えしてきたバーは、おしゃれなバーではない。くだけた接客とトークが売り、いわばエンタメ系のバー。人と人のふれあいをつくれる場、コミュニケーションが楽しめる場であり、究極の目標は、お客さまが日頃の悩みを忘れて、明日また元気に仕事ができるエネルギーをチャージしていただくことだと思っている。

バーテンダーがよけいなことは言わず、寡黙に極上のお酒を出して、お客さま同士の話など聞いていないふりをする本格バーの流儀を否定するわけでは決してない。けれども、私が目指したのは、そういうバーではなかった。

人間、一生懸命生きていれば、いや、いい加減に生活していたって、鬱憤《うっぷん》が溜まることはある。悩むことはある。悲しいこと、さびしいこともあるだろう。そんなとき、たとえ1人だったとしても、お酒を飲んで憂《う》さを晴らすことができる、楽しく過ごすことができる――私はそんなバーを目指してきた。日本全体がいまひとつ元気のない現在は、なおさらである。

さて、そんな飲み屋の経営者である私が、なぜ、このようにして本を書いているか（実際は話しているだけだが）。それは、バービジネスに興味をもたれる方が意外なほど多く、そして、軽い気持ちで飲食業に参入すると、大やけどをしかねないのが現実だからだ。

かく言う私も、最初に開いた店は見通しの甘さから閑古鳥《かんこどり》が鳴いて、たいへんな苦労の末にようやく経営が軌道に乗ったかと思い、事業を拡大すると、さらなる苦難に見舞われてきた。

そうした数々の苦労を、バービジネスを夢見る方々には味わっていただきたくない。ということで、飲食業界で一旗揚げたいと考える方のヒントになればと、私の経験を記すことにしたのである。

とはいえ、私は論理的に物事を説明できるタイプではない。事業を曲がりなりにも成功させることができたのは、ひとえに熱意があったから。「絶対に成功してやるんだ」というギラギラした思いをエネルギーに、ひたすら突っ走ってきた結果、現在があると思っている。

そんな私だから、よくあるビジネス書のように、経営のノウハウをきれいにまとめて提示するのではなく、私がたどってきた道筋をできるだけリアルに、よかったことだけでなく、挫折したことや少し後ろ暗いことまで、ディテールも包み隠さず綴《つづ》ることにした。

本書の各章は、私の分身である〝マサオ〟が登場する「ストーリーパート」と、私のバー経営の内幕をできるだけ具体的に明かした「ノウハウパート」の2部で構成されている。

「ストーリーパート」は、20歳前後から現在にいたる、波乱に満ちた私の歩みそのもの。このパートに記した出来事はすべて実際に起ったことだが、登場するさまざまな人物は、そのまま記すと差し支えがあることもあり、基本的に実在の人物をモデルにしつつアレンジを加えている。

このパートは、トラブルの見本市《みほんいち》のようであり、ウソのような本当のサクセスストーリーといえる。今、読み返すと、すべてをさらけ出し裸になってしまったような気恥ずかしさを感じるが、〝マサオ〟のふるまいや、仲間との関係を楽しみつつ、バービジネスのリアルに触れていただければ、その甲斐があったと思う。

「ノウハウパート」では、バーの立地条件に関する私の考え方を手はじめに、ビジネスにおける重要な三要素である「ヒト」「モノ」「カネ」を、どう扱うべきかなどについて、私の体験に基づいた具体的な解説を心がけた。特に「カネ」については、私が代表を務める株式会社ＭＪＳ直営店2店舗の損益計算書から、実際の費用や売上、損益などを明らかにしている。

できあがった原稿を読んでもらった知人から、「こんなに手の内を明かしていいのか」と言われた。たしかに、バー経営における重要なポイントを詳細に開示したが、読んだだけですべてがうまくいくと思われるのは、たいへん危険であるとあらかじめお断りしておきたい。リスクは避けたい方向けに、バービジネスに乗り出す前に培った不動産のノウハウを駆使した「フランチャイズ事業」についても紹介しているので、興味のある方はぜひ参考にしていただき、私たちの〝仲間〟となっていただければ、これに勝る喜びはない。

もちろん、すべての方に最適なアドバイスなどあるはずはないし、私の体験は私だけのもの。本書に詰め込んだ私の〝体験〟を、あなた自身の血肉に変えることができるかどうかは、あなた次第なのだ。どうか有意義にお役立ていただき、ぜひバービジネスの手がかりとして、「夢の劇場」を築く一助としていただければ幸いである。

六川正男

目次
contents

Part.3 地下の楽園

Part.4
スタンド・バイ・ミー

Part.5
裏切り、再生への誓い

執筆協力・本文レイアウト・DTP／黒澤 円

Part.1

運は天上ではなく
地上にある

自分だけの城

夕暮れの立教通りを、講義を終えて帰宅する大学生たちが寒そうに肩をすぼめながら歩いていく。日中は陽光がきらめき、すぐそこまで春の気配を感じられるものの、いったん日が陰ると冷えきったアスファルトから寒気が立ち上ってくるようで、東京とは比較にならない寒さを生まれ故郷の長野で体験してきた六川マサオでも、コートの襟をつい立てたくなった。

だが、今日のマサオは高揚していた。真冬が戻ったような寒さに震えそうになりながらも昂然《こうぜん》と胸を張り足早に歩く。立教通りから少し脇にそれた路地に入ると、雑居ビルの7階までエレベーターで一気に上った。

エレベーターホールから見える店の看板には「SHOTBAR MAO」の文字が燦然《さんぜん》と輝いていた。店の名は自分の名前をもじったもので、決めたあとに調べてみると、マオにはハワイ語で「澄み渡る」「解き放たれる」という意味があることがわかり、なおさら気に入っていた。マオマオはタイ語で「酔っぱらい」を意味するらしい。

寒さを忘れて満足気に看板を眺めていたマサオは、ポケットから店の鍵を取り出し、一気に扉を開け放った。数日前に改装工事が終わった12坪ほどの店の全貌が見える。カウンター席が8席に、ハイテーブルの席がひとつ。平面図を見ると、台形の変型テナントでデッドスペースがあるのは気になるが、イベントスペースとして使うことはできる。

（ダーツでも置いて、集客に役立てばメリットだし）

友人知人に声をかけまくり、今日のオープンには大勢が来てくれることになっている。景気よく、にぎやかに店を開きたい。

「よし！　やってやるぞ！」

そう声に出すと、オープン前のガランとした店内に響き、意外と広いんだなと実感した。

開店は19時。まだ、2時間ほどもあったが、やらなければならないことはたくさんある。だが、もう少し幸福感を味わっていたい。このスペースを満員のお客で埋めることを想像して、顔がゆるんでくるのをマサオは抑えられなかった。

出だしは最悪

ＭＡＯを開業して1ヶ月ほど経った2011年3月11日。東日本大震災で東京も揺れに揺れた。早朝まで働いて泥のように眠り、起床したばかりだったマサオがあわてて店に駆けつけると、バーの棚に置いてあったウィスキーやウォッカ、ジン、ワインまで、ありとあらゆるものが落ちて砕け散り、流れ出した酒類が混じり合った匂いが店中に充満していた。酒に弱い人間ならそれだけで酔ってしまいそうな匂いが鼻をつき、マサオの全身から力が抜けた。

「ちくしょう！」

なかば見栄で充実させていた酒類の損失が数十万円にのぼることは、ひと目でわかる。誰にも向けようのない怒りがふつふつと湧き起こり、マサオはカウンターにかろうじて留まっていたグラスの1つを握って壁に叩きつけた。グラスは壁に当たると大きな音を立てて砕け、跳ね返ってきた破片がマサオの頬をかすめて鋭い痛みを感じた。

カウンター席に座り、しばらく茫然としていたマサオが時計を見ると、店に着いてから1時間が過ぎていた。折れた心を奮い立たせて、粉々になったグラスや無残に積み重なったビンを片づけ、床に流れていた酒をひととおり拭き取ったときには、さらに2時間が経っていた。マサオが店を閉めて外に出ると、夕闇が迫っていた。頬を伝う血も痛みも気にならない。心だけが痛かった。

当分の間、営業はできなかった。まず、酒類を仕入れなおさなければ、営業どころではない。

マサオはそれまでの雑な仕入れをやめ、必要最小限の酒類だけを馴染みの酒屋に注文し、空のボトルに烏龍茶《ウーロンチャ》を入れて棚がスカスカにならないようにごまかした。請求がくる月末までに、酒代を支払うだけの売上を立てる自信はなかったが、足りないときは泣きを入れて支払いを延ばしてもらう腹づもりだった。

なんとかしてマイナスを取り返そうと、マサオは営業に励んだが、現実は厳しかった。被災地の惨状に多くの日本人が胸を痛めていたこともあって、東京中に自粛ムードが広がっていた。池袋も例外ではなく、ふだんは繁盛している飲食店ですら店内はまばらだった。

従業員？

「よお、空いてる？　聞くまでもねえか」

イラッとするひとことを放ちながら、巨体の男が店に入ってきた。数少ない馴染み客の1人、モブさんだった。開店当初、知り合いを引き連れて来店し、その後も集客に一役買ってくれた恩があるから、邪険にはできない。

「空いてますよ。ちょうど5人連れのお客さんが帰ったとこなんすよ」

見え透いていたらしく、モブさんは「ふーん」と鼻を鳴らし、マサオの正面のカウンター席にドカリと腰を据えた。

そこそこ人気のあったインディーズバンドのメンバーに顔がきくというのがこの男のウリで、本人も別のバンドに所属していてベースを弾くらしいが、マサオはその演奏を見たこともなければ、聞いたこともない。

モブさんと初めて会ったのは、MAOをオープンして間もない頃で、同じ池袋に店を構えている風俗店経営者から紹介されたのがきっかけだった。

「この場所だったらライブイベントできるよ。そしたら、お客さん来るんじゃない？　俺だったら呼べるよ」

店に来るなり、そう言われて、(なんだ、この人は?)と思ったものの、マサオとすれば願ってもないことで、「ぜひ、お願いします」ということになった。その翌日には、デッドスペースだった場所に箱型打楽器のカホンを置いて、エレキギターとアコースティックギターを小さなアンプにつなぎ、PAも入れると、小ステージのできあがり。すべてモブさんの伝手《つて》で安く買うことができた。それでも出費は痛かったが、投資と思えばなんてことはない。

モブさんの言葉にウソはなく、知り合いのミュージシャンに声をかけてアコースティックライブをやると、ほかのミュージシャンやその取り巻きたちが大勢来店してくれた。1日の売上が15万円を超えることもあった。

だが、ライブイベントを開くことができたのは月に1、2回がせいぜいで、モブさんの顔を立ててライブに来てくれたお客がリピーターとして定着することはなかった。イベント効果は一時しのぎにしかならなかったのだ。

「生ビール！」

イベントをもっとやれないかと思いをめぐらせていたマサオは、モブさんの声で我に返った。樽の生ビールはガスが抜けかけている。炭酸ガスボンベを注文すべきだったが、客足がさっぱりなため、初夏だというのに頼んでいなかった。

「モブさんのボトル、まだ残ってますよ」

「生ビール！」

マサオはしぶしぶジョッキを手にすると、サーバーからビールを注ぎ、丁寧に泡付けしたが泡立ちがしょぼい。目の前に置かれたジョッキを乱暴に手にすると、モブさんはがぶりと飲んで顔をしかめた。

「なんだよ、気が抜けてねえか」

「すみません」

そのあと、モブさんはウィスキーを水割りで数杯飲み、さんざんマサオをディスったあげく、こう言った。

「しょうがねえなあ、オレが店を手伝ってやるよ」

「えっ⁉」

「だから、オレが店を手伝ってやるから、六ちゃんは営業をして客を店に呼べばいいいんじゃねえか」

「だって、モブさん、バンド活動があるでしょ」

「オレも暇じゃないんだが、ＭＡＯがオープンしてる夜7時から朝5時までならバーテンやってやるよ」

金髪のオヤジにウィンクしながら言われても気持ちが悪いだけだ。金欠で常にピーピー言っているモブさんはバイト代を稼ぎたいだけ、タダ酒を飲みたいだけだと、マサオにはわかったが、一方で（そのやり方ならうまくいくかもしれない）とも思った。じつは、ほかにこれといったアイデアがなかったのだ。

帰り際にモブさんは、

「今日の飲み代は、バイト代から引いといて」

とずうずうしいことを言い放ち、自分の提案に満足したようすで帰っていった。その日の客はモブさん1人だった。

（なんで、うまくいかないんだ……）

オープン仕立ては、友人やその紹介によるお客さんのおかげで売上をつくることができた。けれども、それは開店ご祝儀。時間が経てば泡となって消える一種のバブルだと、マサオもわかっていた。

震災後、客足が鈍ったこともあり、渡りに船だったイベントの効果も薄かった。毎週、イベントをやれていたら違ったかもしれないが、結局、店に魅力がなければ客を惹きつけ続けるのは難しい。

テナントの賃貸を仲介した不動産屋の営業が言うことを真に受けすぎたのかもしれない。「フリーレントを2ヶ月付けます」「家賃が安い居抜き物件ですよ」、ここまではたしかにそのとおり。

だが、「大学が近いから、お客さんをたくさん拾えますよ！」という言葉はウソだった。安い居酒屋でワイワイ言いながら飲み食いするのを好む大学生がほとんどで、雑居ビルの7階にあるショットバーに出入りする大学生が大勢いるわけがない。だからといって、「ウソをついただろ！」と不動産屋を責めても、マサオが商売下手だからだと反論されるだけだろう。

それまでの経験から、店を開いたら繁盛させる自信があったのだが、それは過信だったのかもしれないと揺れはじめていたマサオは、モブさんの申し出を断ることができなかった。

重荷

モブさんは開店ぎりぎりの時間にやってくる。マサオとしては早めに店に来て開店の準備を手伝ってほしかったが、なんだかんだと理由をつけて、言うことを聞いてくれない。雇い主として強く出るべきだと、マサオは思ったが、20歳以上も年上であるうえに、イベントの借りもあって強くは言えず、うやむやになってしまった。

その日は、モブさんが声をかけた知り合いが飲みに来た。マサオより少し年上かもしれない20代の客。サラリーマンらしくスーツを着ているが、どことなく崩れた感じのする若い男だった。

「いらっしゃーい」

渋い声でモブさんが言う。

「いい店っすね」

そのやりとりを聞いて、マサオは（誰が店主なんだよ）と言いたくなる。その客はビールを飲み、ハイボールに切り替えて、モブさんにも一杯おごって、おとなしく飲んでいた。

「オレ、悩みがあるんだよね」

モブさんは聞き上手だ。横で聞いていたマサオにしてみれば、「くだらねえ」仕事の愚痴を、「うん、うん」と相づちを打ちながら聞き、「どうなんすかね？」と問われれば、「そういうこともあるよね」と答える。

役に立つんだか立たないんだかわからない「それはそうなんじゃない？」みたいな返答に、相手は妙に納得しているようだった。

（なにが、「いらっしゃーい」だ。「そうなんじゃない？」だ！　そんなふうに、お客を手玉に取るの、やめてもらっていいかな）

イベント以外ではわずかな客しか呼べないモブさんは、人件費のかさむ重荷でしかないことが1ヶ月も経たずにわかった。それなのに、オーナー店主であるマサオが営業をして、モブさんがのうのうと接客をしている。

「キャッチ行ってきまーす」

内心の苛立ちを隠し、心を無にして声をかけると、モブさんが鷹揚に手を振った。それを見て、ようやく鎮火した怒りにまた火がつく。

バーが入っている雑居ビルの外に出ると、秋の冷えた外気で頭はクールダウンできた。通りを歩いている人々に店をアピールしつつ、しばらく客引きをしたがほとんど無視された。20人に声をかけて1人が反応してくれればよい。その1人が「行ってみようかな」と言ってくれたとして、実際に店に来てくれるのは50人に1人だろうか。

（ほろ酔いで、もう少し飲みたいと思っていそうな人がいればいいけどなあ）

飲み屋が集中している繁華街なら、それも期待できるが、学生街の一角のような場所では期待が薄かった。

冷静に考えてみれば、モブさんの接客の仕方は勉強になる。とにかく相手に同調しつつ、相手を傷つけずに、軽くアドバイスして背中を押すようなことを言い、そして話題を変えて楽しませる。若い客にすれば、頼りになるお兄さん、いやオジサン。

それがわかっていても、マサオが苛立つのは、モブさんとのバランスをとるために、ヘラヘラしていなければならないこと、そして、なによりも必死で客引きをして店に呼んだ客を、なんの努力もせずに「そこにいるだけ」のモブさんが接客していること。

（「いらっしゃーい」じゃねえよ。「そうなんじゃない?」じゃねえよ！）

年上の人間を雇う難しさをマサオはつくづく感じていた。

とにかく、新規のお客が来なかった。1人で店を回していたときは月1、2回のイベントの売上で、なんとか営業を続けることができたが、今はモブさんがいる。頼んだわけでもないのに、モブさんは店にせっせと通ってくる。通勤にかかる時間はせいぜい30分らしく、苦にならなかったのだろう。

モブさんに支払うバイト代はマサオにとって重荷だった。店の売上は月に60万円から80万円。テナント料や酒の仕入れ代、諸経費を差し引くと残りはわずかで、マサオの生活費が出るかどうかの自転車操業だったのだ。

（もう、切ろう）

何度もそう思ったが、雇った以上、理由がないかぎり、それはできないとマサオは考える。いつまで経っても営業が軌道に乗らないと思い悩むマサオに、「どんな店でも、潰れるときは潰れるよ」と他人事《ひとごと》のように言い放ったときは、本気で解雇しようと思ったが、結局切ることはできなかった。

追い詰められたマサオが下した決断は、常軌を逸していた。昼間は会社員として働き、終業後、店に出ることにしたのだ。幸か不幸か、働き口はすぐ見つかった。飲食店などへの音楽配信サービスで有名な某社の営業マンだ。

こうしてマサオの過酷な日々がはじまった。ＭＡＯは年中無休だったから、それまでも休みなしで働いていたのだが、さらにきつい毎日18時間労働。朝8時に起きて出社し18時まで営業、その後、18時半には店を開け、朝4時まで働いて、店を閉めるのはモブさんに任せ、自分の部屋に帰ると4時半だった。

営業は手慣れたものだったから、音楽配信サービスの契約はバンバン取れた。むしろ、きつかったのは店の営業だった。大勢に声をかけて来店してくれるのは1日に1人か2人。ゼロの日も少なくない。手応えのない仕事は肉体的にも精神的にも疲弊する。

会社員として働いた給料の25万円をそのままモブさんに渡し、わずかに手元に残る日銭で、マサオは最低ランクの生活を続けるしかなかった。ライブイベントは頼みの綱だったが、まとまった金が入ると滞っていた支払いで消えた。そんな日々から抜け出すことをマサオは想像することすらできなかった。

やってくれやがった!

開店前に携帯電話が鳴った。件《くだん》の風俗店経営者からだった。

「どうも。ご無沙汰しています。……。いやあ、なかなかうまくいきません。苦しいですよ。……。えっ！　モブさんが……。はい、はい……。いえ、知りませんでした。すみません……。たいへん申しわけございません……。モブさんを連れてお詫びにうかがいます」

前日、マサオは店をモブさんに任せて、ひさしぶりに休みをとった。肉体的に限界だったのだ。マサオが店を休んだその日、モブさんは「飲みにおいでよ」と、風俗店経営者の店で働いている女の子を店に呼んだらしい。モブさんは聞き上手だから、彼女は軽い気持ちで飲みにきたのだろう。

週末だというのに店はいつもどおりガラガラ。女の子とサシ向かいで飲んでいるうちに、不埒《ふらち》な気持ちになったのか、初めからそのつもりだったのかはわからない。とにかく、モブさんは女の子に性的な関係を迫って、店のなかで事におよんだというのだ。

そんなつもりはなかった彼女は、経営者へその出来事について告げた。モブさんと経営者が知り合いであることを彼女は知っていた。

知り合いとはいえ、いや知り合いであろうとなかろうと、風俗営業のタブーを破られて、経営者としては黙っているわけにはいかない。彼女を守らなければ、女の子たちからの信用を失うことになるのだ。

電話があってから30分後、モブさんは店にやってきた。いつものように、「どうも」とも言わず、落ち着かない素振りでマサオのようすをうかがう。金髪を黒く染め戻していたのは反省の表明のつもりだったのか。マサオは気がついたが、無視した。

「モブさん、なにやってんすか！　Yさんから電話がありましたよ」

そのひとことで十分だった。それまで聞いたこともないマサオのきつい口調に、モブさんは黙って下を向いた。一応、事情を聞くつもりだったマサオは、その必要がないことを瞬時に理解した。言いわけしないだけマシとも思えたが、謝罪の言葉はない。

（もう終わってんな、この人。でかい図体して子猫かよ）

そう思いながらも、縮こまっているモブさんの惨めな姿を見ているのはマサオもつらかった。いろいろと不満はあったものの、半年以上、店のために働いてくれたのだ。イベントを続けてこれたのもモブさんのおかげだった。

「モブさん、謝りに行きましょ」

そう言うと、モブさんは黙ったまま、また下を向いた。

マサオは借りてきた子猫のようになったモブさんを引き連れて池袋の雑踏を歩き、風俗店へ謝罪に行った。

「たいへん申しわけございませんでした」

土下座をしたマサオが頭を床に擦り付けながら、そう謝罪の言葉を口にすると、モブさんはあわててマサオの横で土下座をしたが、口のなかでモゴモゴ言っているだけ。だが、風俗店経営者は許してくれた。店に戻る道すがら、2人はひとことも言葉を交わさなかった。マサオの心はもうモブさんから離れていた。

「モブさん、もうウチにはおけないから、がんばってくださいね。ボクもがんばります」

店に戻ったとき、マサオはそう言うと、財布からなけなしの1万円札を抜き取り、モブさんに渡した。申しわけなさそうに、かといって遠慮するでもなく金を受け取ると、モブさんは深々とお辞儀をして店から出ていった。

最後の宴

モブさんに払うバイト代を稼ぐ必要のなくなったマサオは、その後、音楽配信の会社を辞めた。もう、睡眠3時間の生活をする必要はない。モブさんには悪いとは思いつつも、ひさしぶりの解放感を味わった。

だからといって、生活が楽になったわけではなかった。相変わらず、客足は鈍く、店にいてもほとんどやることがない。客の出盛り時をねらってキャッチに励んだり、電話営業したりしたものの、空振りの連続だった。

音楽配信の営業と、バー経営の二重生活を続けていた頃、友人たちからは「もうやめれば」とよく言われた。だが、マサオは（ここでやめたら、店をはじめた意味がなくなる）と歯を食いしばって働いてきたのだ。それを思えば、まだ、（なんとかなる。なんとかしよう！）という気持ちになれた。だが、新規の客は来ない。この店の限界は見えていた。

（もう移転するしかない……）

店をたたむこともちらりと頭をよぎったが、移転して心機一転やりなおそうとマサオは考える。立地に問題があるのはわかった。余裕が生まれるまでは人を雇うべきではないことも学んだ。

数名の顔見知りが帰った店を片づけながら、マサオは（次はこうしよう）と、新店舗での営業に思いを馳せる。勝算があるわけではなく、思いの源泉は意地でしかなかったかもしれない。あるいは現実逃避だったのかもしれない。

マサオは移転先のテナントを探しながらＭＡＯの営業を続けた。多くの物件を比較して契約した移転先は地下のテナント。雑居ビルの上層階はもうこりごりだった。

閉店イベントには大勢の客が来てくれた。風俗店経営者のＹさんが「六ちゃんの最後のイベントだから、うちの女の子を回すよ」と言ってくれた。若い女性がいたこともあって大盛り上がりだった。ギターに合わせて大声で歌う知人がいる。どさくさに紛れて女の子を口説こうとする輩がいる。みんな、楽しそうに酒を飲み、酔っぱらって騒いでいた。

（いつも、これだけのお客さんが来てくれたら苦労はなかったのになあ）

カウンターのなかで客の注文に忙しく対応しながら、マサオはそう思う。

「六ちゃん、次の店の名前はどうすんの？　イベントはできんの？」

そう聞いてきたのは、開店以来、イベントでギターを弾いて盛り上げてくれたインディーズバンドのギタリストKさんだ。

「店の名前はSHOTBAR MAOです。変えたくないんです、移転ですから。店はここの半分くらいでせまいんで、イベントは無理ですね」

「そうか。残念だな。じゃあ、最後にもう一発盛り上げるか」

Kさんはそう言うと、アコースティックギターを手にして小ステージの席に座り、ギターを弾きはじめた。マサオの好きなゆずの『栄光の架橋』だった。同じバンドのボーカリストが合わせて歌い、客の何人かも一緒に歌いはじめた。マサオは泣き出してしまいそうになるのを必死でこらえた。

早朝、宴は終わった。すぐに後片づけをする気にはなれず、マサオはしばらく余韻にひたっていた。

(終わったなあ……終わった。でも、まだこれからさ)

Vision

バー経営の成否は設備や店舗ではなく立地条件で決まる！

ビルの上階の店舗はリスクが大きい

私が東京池袋に「SHOTBAR MAO」を開業したのは、2011年の2月14日のことでした。18歳のときに初めて上京してから5年、飲食店勤務、不動産会社勤務を経て、換金できるものはすべて換金し、苦労して貯めた貯金と併せた300万円が開業資金でした。

笑われるかもしれませんが、ドラマやアニメで人気を呼んだ『池袋ウエストゲートパーク』に憧れて、店をもつなら池袋と、最初から決めていたのです。

飲食店勤務の経験があるとはいえ、初めてのバー経営の不安もあり、経費を大幅に抑えることができる居抜き物件にこだわって、不動産屋でテナントを探しはじめ、見つけたのが立教大学に近い雑居ビル7階の店舗、元スナックの居抜き物件です。

カウンターや厨房機器、トイレ、エアコンなどすべてそろっていたため、50万円くらいの工事予算でバーに改装できた点は狙いどおりだったのですが、客足を大きく左右する立地条件の見きわめができていませんでした。

駅から少し離れた場所にあったことに多少の不安はあったものの、不動産営業の「フリーレントを2ヶ月つけます」という言葉に釣られ、「大学が近いから、お客さんをたくさん拾えますよ！」という言葉を信じたことは痛恨で、居酒屋などでワイワイ盛り上がることを好む大学生が駅への帰り道だからといってバーに来るのか、よく考えるべきだったと思います。私自身が営業マンとして不動産会社に勤務していたのですから、たいへん甘かったと言わざるをえません。

また、ビル上階にある店舗での客商売のリスクも考慮していませんでした。路面店と違い、ビルの上の階に入っている店は、それだけでお客さんの心理的ハードルが高くなります。店の佇まいやメニューが通りがかりにわかる路面店とは違って、「ちょっと入ってみようかな」という気にさせる要素をアピールしにくいのです。さらに、路上を歩いている人に簡単にアプローチできないという欠点もあります。常にマンパワーによる営業メールや営業電話をし続けないと、新規のお客さんを呼び込むことはできません。一度来店したことのあるお客さん以外を呼び込むのは、たいへん難しいということです。

「SHOT BAR MAO」の場合は、店前でキャッチをするにも、そもそも繁華街から外れているので、人通りが少ないことも経営難の原因となりました。

最初に開く店で成功をおさめ、そこから馴染客を誘導できる2号店なら、ビル上階でも成算はあるかもしれませんが、それでも私はおすすめしませんし、私自身二度とビル上階に店は開くつもりはありません。理想は路面店、それが無理ならば、地下の店のほうがよほどマシと言えます。

実際、最初の店に見切りをつけて、移転した先はせまいながらも駅に近い繁華街にある地下のテナントでした。

私が考えるバーの好ましい立地条件

では、バーの好ましい立地条件とは?

私がバーを開いたのは、東京で有数の繁華街である池袋でした。東京でバービジネスを志して無条件で勝負できるのは、やはり誰もが知る繁華街。池袋、新宿、渋谷であり、品川、有楽町、新橋、神田、上野などです。次いで、その周辺のエリア、ざっくり言えば、山の手線の内側や沿線の中規模な駅でも勝負できるでしょう。それでも、駅からの距離、にぎわうエリアから外れると、集客が難しくなります。

「そんな激戦区はむしろたいへんじゃない？」

そう思われるかもしれませんが、お客さんの母数が繁華街とそうではないエリアでは段違いです。一等地だったら、少々、店舗の条件が悪くても、お客さんが勝手に来る仕組みができあがっているのです。

たとえば、池袋に2つのテナントがあったとします。ひとつは駅に近い商店街のなかにあるけれど、あまりきれいじゃなくてせまい地下の店、もうひとつは少々駅から離れているけれど、きれいで広い路面店。今の私なら、迷いなく前者を選びます。集客にかけるエネルギーがまったく違うからです。

バーで飲むお客さんは、店を厳選して来るわけではありません。居酒屋で飲んで食べ、「次、行くか！」というノリだったら、最初の店に近い場所を選ぶでしょう。近場でたまたま見つけたバーを2軒目、3軒目に選ぶというのがリアルなのです。よほど気に入った店でもないかぎり、5分も10分も歩き、いちいち横断歩道を渡って、住宅街の外れにあるバーまで行くことはないと思います。

1にも2にも、集客が命。いくら店の雰囲気、内装や設備がよくても、少し離れているだけで、お客さんを呼ぶためにエネルギーが必要になります。住宅街のなかにポツンとあるようなところでは、「次、行こうか」というとき、「気に入っている店があるけど、ちょっと遠いなあ」と次の候補にならないわけです。

ただ、バーのおもしろいところは、場所だけではないということ。立地のハンディキャップを覆すのはやはり人の魅力です。「ああ、この店に来ると楽しい！」と思ってもらえることができれば、たとえば、郊外の駅周辺にあるバーでも、池袋のバーと同じくらいの売上をつくることは可能だと私は思います。

ここで繁華街と郊外の場合も考えてみましょう。

郊外だったら、テナント料は安く上げることができます。ライバル店も少ないでしょう。一方、お客さんの絶対数が少ないというデメリットがあります。

繁華街になればなるほど、お客さんは多い分、ライバルも増えます。そのなかでしのぎを削っていくのがいいのか、バリバリにお金をかけられないのであれば、ちょっと小規模な商店街のなかでやっていくのがいいのか。

ここに関しては完全にテナント料と売上のバランスによります。郊外でも、たとえば、賃貸料が月額15万円以内のテナント物件だったらやるべきだと思います。逆に、郊外でも賃貸料が月額20万~30万円という繁華街並みのテナントもざらにあって、そこで勝負してしまうと、繁華街ほどの売上は期待できないのですからバービジネスは成り立ちません。

そのような経費と売上のバランスをよく考えたうえで、郊外でバービジネスを成功させるポイントは、そのエリアにどれだけ人脈があるかだと思います。もともと地元の出身だとか、そこにある学校にかつて通っていて知り合いが多いとか、そういう人はバービジネスが軌道に乗りやすくなります。これは地方都市の場合も当てはまります。

その反対に、まったく知らない土地に新規で出店開業しても、街の人たちとのつながり、コミュニティーがないと集客がうまくいかず、しびれる事態になります。そうなると、女の子を使って呼び込みをしたり、どれだけ効果が上がるかわからない広告にお金を使ったりして、お客さんを呼ぶ努力をゼロからしていかなければなりません。

幸い人脈があったとします。そこから先は、前に述べた「人の魅力」、スタッフでお客さんを呼ぶということです。お客さんは楽しく飲みたいと思ってバーに来るわけです。極端なことを言えば、お酒はどこで飲んでも味は変わりません。バーに通うのは、その雰囲気が好ましいとか、店主やスタッフとの会話が楽しいから。繁華街だろうと郊外だろうと、そこは同じです。

お客さんが来ないと心が折れそうになります。私も経験しました。オーナー店主とスタッフで店を回している場合を考えてみましょう。

まず、スタッフのモチベーションが下がります。

そして、売上が立たなくなると、オーナーはまわりが見えなくなってがんばれなくなる。視野がせまくなって卑屈になり笑顔が消える。オーナーが笑顔でなければ、スタッフも笑顔にはなりません。店の魅力、人の魅力がなくなってくるわけです。そうなったら当然、お客さんも楽しめません。悪循環です。客商売ですから、これは致命的。

同じ飲食店でも、たとえば、おいしい定食屋さんだったら、地元とのつながりがなくても、「あそこの店は、おいしいらしいよ」という口コミが広がれば、パッと繁盛しますが、バーはそうはいきません。

バーはお客さんのストレス発散の場所です。お客さんの悩みや愚痴を聞いて健康な心で受けとめ、その捌け口になりながら、楽しめるような会話で気分転換できるようにリードしていかなければ、お客さんは通ってくれません。

このように見ていくと、郊外の出店はハードルが高いことは否定できません。適正な賃貸料でテナント料が押さえられるのが第一条件。そして、地元との関係があって友人知人が多いというのが第二条件。この条件さえクリアできれば、物件と場所、やり方次第では、都心と同じような売上を叩き出すことも可能だと思います。

とはいえ、お客さんは多くありませんから、オーナーが自ら店に出てワンオペで回し、人件費を抑えるのが現実的かもしれません。大きく儲けようとせず、のんびり営業して、オーナーの人柄でお客さんを惹きつけられればしめたものではないでしょうか。ハングリーにやってきた私のやり方とは違いますが、実際、オーナー自ら技術を磨いてバーテンダーを務め、ずっと1人でやっているバーは少なくありません。

本腰を入れてバービジネスに乗り出し、できれば事業を拡大していきたいと考えるなら、私は繁華街での開業をおすすめします。

賃貸料が月額25万円程度のテナントを押さえることができるのなら、お金をかき集めてでも開業すべきだと思います。このリスクを取れるか取れないかが、その後の大成功と小成功の分かれ道です。

POINT1

◇設備や店舗のきれいさよりも、まず立地条件を考えるべき。
◇繁華街はライバル店も多いが、お客さんも多い。バービジネスで大きく成功したいなら、リスクを負うべき。
◇郊外に出店する場合は、人脈のあるエリアを選ぶ。

バーに適したテナントの選び方

バーを開業するために必要なテナントは、広い必要はありません。むしろ、広すぎると経営がたいへんです。

0号店（移転前の店）は12坪くらいありました。そのテナントは元スナックの居抜き物件でしたから、カウンター席が8席あって、さらに4人掛けのハイテーブルも。台形みたいな変型店舗だったため、デッドスペースが広くて使いにくく苦労しました。余分なスペースがあると。お客さんがそれなりに入っても、ガランとさびしい感じになってしまいます。開業当初はワンオペでしたから、いつも暇な店と思われてしまう（実際、暇でしたが）。だからといって、スタッフを増やすと、途端に赤字のリスクが大きくなります。

バービジネスにおいては、カウンター5席からでも視野に入れていいかなと考えています。坪数で言うと6坪ほど。小さなワンルームみたいな箱です。

場所がよくて、路面、地階または2階で5～6坪くらい、カウンター5席くらい取れるテナントだったら、バーとして成り立ちます。

せまいテナントのメリットは、なんといっても賃貸料が安いこと、お客さんが2人来ただけで流行っている店に見えること、そして、確実にワンオペで回せることです。キャラクターのあるスタッフが1人そこにいれば売上は十分立ってきます。2、3人お客さんが入ったら、楽しく酔っぱらえる雰囲気はつくりやすいですね。それを2、3回転すればいいわけです。

もっと広くてもやっていける自信があるなら、理想はカウンター8席にボックス席が一つあるくらいの広さ。8坪でカウンター8～10席くらい、10坪ならさらにボックス席がつくれて、ダーツも置けるという雰囲気になってきます。お客さんが10人くらいになれば満席で、広すぎずスタッフとお客さん同士の一体感が生まれますし、ぎりぎりワンオペで回すことも可能です。

席数だけなら、まさしく0号店が当てはまります。0号店が駅に近い路面店で、スタッフを雇わずにワンオペで回していたら、うまくいっていたかもしれないなあと思います。イベントがないときは小さなビリヤード台などでゲーム性を持たせて、一杯いただくとか、一杯飲ませるとか、そういうやり方でした。

むしろ1人で、あるいは事業規模を大きく考えなければ、こじんまりしているほうがやりやすいし、お客さんとのコミュニケーションもグッと近くなります。その代わり、休みは取りにくくなります（笑）。

また、東京郊外や地方都市の場合は12～15坪くらいが多いかもしれません。

テナントの周辺にどんな店があるのかも重要です。特に雑居ビルの場合、隣りや上下の階に入っている店は、チェックしなければいけないポイント。

同業種のバーが同じビルに入っていれば、当然ライバル関係になります。本格的なバーとショットバーでは、客層が全然違いますから、よい化学反応が生まれるかもしれませんが、同じノリのバー同士だとやりづらい。

一方、居酒屋が入っているなら、むしろ大歓迎。同じ飲食店といっても、片や売りは食べものですし、お客さんが「なにかつまみない？」というときに、注文することができます。居酒屋で飲んで食べて、「もうちょっと、ウィスキーでも飲もうや」ということもよくあります。実際、交流のある居酒屋さんからお客さんが流れてきたり、私のバーを紹介してもらったり、そういうことは何度も経験しました。

私の経験上、8坪のテナント賃貸料は繁華街で月額25万円くらいが適正だと思います（あくまでも目安です）。さらに保証金が5ヶ月分程度当たり前にかかってきて、テナントの改装や備品の費用を含めると、開業資金は３００万〜４００万円が必要になります。詳しくはあとで述べますが、このことを頭に入れておいてください。

東京の繁華街に比べると、郊外や地方都市はもちろん安価。保証金が安い場合も少なくありません。郊外に伸びる鉄道沿線だと２００万円くらいで開業できることもあります。だからといって、「そっちでいいや」と安易に出店すると、地獄が待っています。前述したように、人脈もないのに郊外で出店すれば、借金を重ねた末に2年ももたず廃業ということになりかねません。バービジネスをはじめたい方は、大胆さを忘れずに、しかし、慎重に検討してほしいと思います。

POINT2◀

◇バーは広すぎるより、こじんまりしていたほうがよい。5~6坪のテナントで開業できる。
◇雑居ビルのテナントは、同じビルに入っている他店を要チェック。
◇開業資金を節約するために、安易な場所選びをすると、後悔することになりがち。

plan

バーは初期費用が少なくて済むモノは必要最小限でよい

バーに必要な備品と設備

居酒屋など料理を用意する必要がある飲食店に比べて、バーは初期費用が少なくて済むため、開業しやすいといえます。居酒屋の場合、提供する料理を用意する厨房設備に費用がかかりますが、バーならその必要がありません。テナントを借りて居酒屋を開業するとき、内装工事費は1000万円をゆうに超えることもあるのに対して、小規模なバーなら300万~400万円。

私が0号店を開業したときのように、居抜き物件を借りることができれば、さらに費用を抑えることができます。

私の場合は、テナントの賃貸契約に150万円程度がかかったものの、前に営業していたスナックのカウンターがすでにあって、デッドスペースにあったソファを全部撤去してハイテーブルを設置し、壁クロスをバーっぽく貼り替えて50万円程度。リノベーションというやつです。今思えば、「自分でできたんじゃないかな」みたいなレベルです。

居抜き物件は見るポイントがあります。エアコンや厨房機器は作動するか、製氷機はちゃんと氷をつくれているのか、冷蔵庫はしっかり効いてるのか。あとは最低限ここはちゃんとしてるところがいいよねというのは水回り。トイレも含めて水回りは絶対にチェックしたほうがよいでしょう。

もちろん、居抜きではなく、スケルトン（構造物のコンクリートがむき出しの状態）からだと内装費は50万円とはいきません。普通の内装業者に施工を依頼したら、200万～300万円程度はかかるでしょう。

300万～400万円かかってしまう場合もありますが、そこは半金以上持っていれば、残りは分割でという交渉もできると思います。とにかく。水回りとカウンター、空調やトイレさえ整えば、バーのかたちはできあがり。

バーの経営に必要な備品は、せいぜい10万円もあればそろいます。

まず、グラス。本格バーなら凝ったものでなければ雰囲気ぶち壊しですが、そこはショットバー。ゾンビグラス（トールグラス）、ロックグラス、カクテルグラス、シャンパングラス、ショットグラスなど、基本的には壊れるものですから、必要以上に凝る必要はありません。安いところでもそれっぽいものはありますから、それでいいと思います。

シェイカーやスプーンをはじめとしたそのほかの器具も高いものではありませんし、バーマットなどは仕入先の酒屋さんが用意してくれたりします。

照明に凝っておしゃれなLEDを入れようとすると、それなりの金額になるでしょうけれど、それ以外に必要なものはキャッシャーくらいでしょうか。

私の場合は売上を伸ばすツールとしてお客さんに楽しんでもらうゲーム類や、イベント用の機材をそろえましたが、これは特殊ケースかもしれません。

大切なものを一つ忘れていました。看板はやはり大事です。できるなら。ネオン管をつけたりして、目立つものにしたいですね。

お酒はどこから仕入れる？

0号店を開く前、私は不動産会社に勤めながら、自分のバーを開く経験を積むために、あるバーチェーンでアルバイトをしていて、0号店を開いたときの酒類の仕入れは、そのバーチェーンが仕入れていた酒屋さんに依頼しました。

なにしろド素人です。バーチェーンでカウンターに立つことができなかったことが響き、必要な酒類がわかっていませんでした。あれこれ選ぶより、「定番の酒を全部持ってきてほしい」と言ってしまったわけです。

先方は「持っていっていいんだな。これはカモだな」と思ったでしょうね。高いお酒が届き、最初の酒類の仕入れには30万円くらいかかってしまいました。

なにしろ、原価の高いお酒が多かったため、30万円もかかった割にそれほどの量はありませんでした。30万円もかけたのに広いボトル棚はスカスカ。見栄えが悪くて仕方がありません。「これはまずい」と、酒屋さんに空ボトルを大量に持ってきてもらって、ウーロン茶を入れてごまかしていました。

バーを名乗っている以上、酒類が充実していないように見えるのはデメリットでしかありません。最初の居抜き物件は、ボトル棚があまりにも広大で、そこに酒類をずらりと並べるのは費用がかかりすぎました。これがこじんまりしたテナントをおすすめする理由のひとつでもあります。

この反省をもとに、バーを開きたい方にアドバイスするなら、ウィスキーだったら、とりあえずスコッチ、バーボン、アイリッシュ、ジャパニーズなど、産地別に有名ブランドを5本ぐらいずつそろえること。さらにスピリッツやリキュール、たとえばウォッカ、ラム、ジン、テキーラなどカクテルベースになるものを5本ぐらいずつ。これだけあればスタンダードなものは提供できます。あとは店を続けていくなかで、お客さんの好きなものを仕入れたり、酒類の知識を身につけて必要と思うブランドを増やしたりしていけばいいと思います。

私はカクテルも努力はしました。ただプロのバーテンダーではありませんし、手間をかけても、気軽なショットバーの客層はハイボールやレモンサワーというところに落ち着いてしまい、カクテルを飲みたいお客さんは、凝った本格バーにいってらっしゃいみたいなノリになっていくわけです。けれども、絶対、カクテルは勉強したほうがいいと思います。「カクテルもつくれるんだけど飲まない?」とアピールすれば、売上につながります。

仕入れ先の酒屋さんは、個人間の取引だったらどこも大差はありません。仕入れ値の違いは、せいぜい5円とか10円。

そこに神経を取られるのは私は違うと思います。そんなことより、店の魅力をどうつくるか努力すべき。

ただし、いずれ法人で事業展開をしたいという場合は、仕入先も吟味したほうがよいでしょう。一番いいのは、何十何百店舗のチェーン展開をしている居酒屋に酒類を卸している酒屋さんと取引をして、大手の居酒屋チェーンと同じ原価で卸してもらうことです。そのためには、真正面から「お願いします」ではダメで、交渉術が必要になります。

大手の居酒屋チェーンの人と知り合いになれば、口を利いてくれるかもしれません。「この取引先に言われたら、ちょっと無視できないよね」と、酒屋さんに言わせれば成功。では、大手の居酒屋チェーン関係者と、どうやって知り合いになるか。

それは努力しかありません。店を開いたエリアの人脈をたどる、お客さんの伝手を頼る……方法はいくらでもあるもの。実際、私はそのようにして、人脈を広げてきました。バービジネスで成功するために努力を惜しまないことについては誰にも負けない自信があります。

そう言いながらも、酒類の仕入れ値など、あまり気にすることでもないかなという気もします。そこまで気にしないほうが経営はしやすいような。大きな地震がきたら酒類なんて一瞬で失われるものですし。

POINT3◀

◇居抜き物件を選べば、設備の初期費用は抑えられる。
◇最初から酒類を充実させる必要はない。
◇酒類の仕入れ値を抑えることにエネルギーを使うより、店の魅力をどうつくるか努力すべき。

Part.2

逆境こそがエネルギー源

両親を助けたい

マサオは長野県軽井沢で生まれ育った。サマーリゾートで有名な別荘地ではなく、よく言えば自然豊かな、有り体に言えば辺鄙《へんぴ》な山の麓、軽井沢町の西部地域だ。父は建築会社を営み、母は専業主婦。兄弟姉妹6人の5番目で、兄が2人、姉が2人、弟1人がいる。

子だくさんという以外は、ごく平凡な家庭の平穏が乱されたのは、マサオが中学生になった頃だった。お人好しの父は、施主から頼まれると工事請負契約の代金支払いを猶予《ゆうよ》してしまう。そんなことが重なっているうちに自らが窮乏し、ノンバンクから借金して事業費に当てていたのだ。気づいたときには会社も家計も火の車になっていた。

小遣いはなし、粗末な野菜炒めを兄弟姉妹6人で奪い合うようにして食べる日々が続き、反抗期真っ盛りだったマサオは少々ぐれた。とはいっても、もともととは親思いの素直な性格でワルには徹しきれない。夏休みになると、高校生を装ってラーメン屋でアルバイトをしたが、それも家計を助けるためだった。

マサオは中学を卒業したら働くつもりだった。もともと、勉強が好きではなかったこともある。それよりも、「家の状況をなんとかしたい」という思いが強かった。だが、「高校くらい行っておかないと、将来苦労する」と両親に説得されて、（どうせ受からないさ）と、いやいや地元の商業高校を受験した。だが、マサオの思惑ははずれ、受かってしまった。

「よかったわね、マサオ」

母はたいへん喜んでくれた。両親は家計が苦しいなか学費を捻出《ねんしゅつ》して、姉ふたりを大学へ進学させている。兄ふたりはそれをよしとせず、高校を卒業すると就職した。姉たちも心苦しかったはずだ。

両親を尊敬していた兄弟姉妹6人は、ごく普通に生活を楽しむことができない状況に文句は言いながらも、それぞれができる範囲で家計を助けていた。

母の期待をよそに、マサオは寝るために3年間、高校へ通っていたようなものだった。15時か16時に学校が終わると、バイクでアルバイト先のガソリンスタンドまで行って、そのまま朝まで働く。ガソリンスタンドには不良の先輩たちが勤めていた。彼らは夜勤がある。でも、遊びに行きたい。

「よお、マサオ。今晩の夜勤、代わってくれねえかな」

そう言うと、マサオが喜んで代わってくれることを彼らは知っていた。親思いのマサオを彼らなりにフォローしてやりたいという気持ちもあったのかもしれない。高校生アルバイトは夜勤不可だったから、雇い主には内緒で働いて、あとで時給分を先輩たちからもらう。

マサオは月15万円稼いでいた。そのうち、10万円は家に入れた。残り5万円は食事代やバイクのガソリン代で消えた。それほどまでしても、家の借金は減らなかった。まじめな父は一生懸命仕事をしていた。だが、月々の元本と利息の支払い、兄弟姉妹6人の学費、生活費がかかった。マサオは高利の借金の怖さを身に染みて感じていた。

高校在学中の3年間、まともに勉強してこなかったマサオは、奇跡的に商業高校を卒業した。早くから社会に出て、アルバイトをしてきた経験が生きたといっても過言ではない。知らず知らずのうちに身についていた人あしらいを存分に生かして、ある先生には情に訴え、ある先生にはうまく取り入って、卒業できるぎりぎりの単位を取得したのだ。

卒業できる見通しがついたとき、その後を心配していた両親に、マサオは自分の計画を打ち明けた。

「あのさあ、オレ、東京に行ってホストになるわ」

両親は驚いた。

「なに言ってるの！」

「ホストって、どんな仕事かわかってるのか！」

それまで見たこともない両親の剣幕に、マサオはあっさり引き下がった。

（説得してもムダだわ）

そして、高校を卒業したその日、親には内緒で上京した。ポケットに入っていたのは現金数千円と携帯電話だけ。目指すは携帯で調べた新宿歌舞伎町のホストクラブだった。

不夜の街へ

華やかに見えるホストクラブにただ憧れたわけではなかった。たしかにその頃、カリスマホストと呼ばれる男たちをメディアがもてはやしていたし、ホストクラブを題材にしたマンガも流行っていた。マサオが注目したのは、売れっ子ホストになれば一攫千金ということ。ホストを目指した動機は、家の借金もあっという間に返済できるだろうという甘い思惑だったのだ。

仲間内ではイケメンで通っていたのも事実だ。人あしらいのうまさにも自信が

あった。勉強ができるわけでもなく、そのほかに特技があるわけでもないマサオ
には、ホストは理想の職業と思えた。

ホスト募集の広告を見て、体ひとつで入ったホストクラブは、歌舞伎町にでき
たばかりの店だった。在籍していたホストは、マサオのほか数人の新入りを含め
て10人くらい。住む場所すらなかったマサオは、ホストクラブを運営する会社が
借りていた新大久保のマンションの一室に住み込みで働くことになった。4LD
Kに同僚ホスト3、4人が押し込められたが、タコ部屋というほどひどくはない。

仕事にもほどなく慣れた。歌舞伎町をふらふらしている女の子に声をかけて、店
に連れてきて、酒を飲ませて盛り上げればいい。

「おねえさん、かわいいですね。うちの店に遊びに来ませんか？　イケメンぞろ
いですよ」

そう声をかけると、いくらでも客をキャッチすることができた。

店に来た女の子を飽きさせず盛り上げるには、相手がどんなことに興味があるのか素早く察知する必要がある。もともと人あしらいがうまかったマサオは、そのコツをつかむのが早かった。そして、体を張った芸でさらに女の子の心をわしづかみにする。

ホストの間で流行ったエンタメ芸があった。使うのは「スピリタス」というアルコール度数90％以上のスピリッツ（蒸留酒）。通常はティースプーンにさっと落として火をつけ、カクテルの演出などに使う。この芸を行うときは、まず、アイスペールいっぱいに氷を入れ、そこで両手を冷やす。十分に冷えたところで、スピリタスを手にかけて火をつけ、燃え上がる両手をバタバタさせるのだ。そのようすからついた名前が「火の鳥」。最初は熱くない。だが、時間が経つと徐々に熱くなり、消しそこねると火傷を負う。まさに体を張った芸だ。

数名のイケメンホストを侍《はべ》らせ、ここまで盛り上げて、初回の会計は数千円。「楽しい！」と喜んでお気に入りのホストを指名して再来店すると、今度は数万円になり、ホストなしではいられなくなった頃に豪華なシャンパンタワーをねだられ、会計のときには伝票の数字にゼロが2つか3つ増えることになる。普通の女性なら、「おもしろいけど、もういい」となる。だから、客は風俗嬢が多かった。ふだん、体を張って男にサービスして稼いだ金をホストクラブで使い果たし、さらに借金を背負ってまで通い詰めるのだ。

1年経たないうちにマサオは売れっ子ホストになった。店はホスト同士の競争心を煽って、指名数を競わせる。マサオは指名数ランクの上位常連で、ナンバー2と呼ばれたが、心は荒《すさ》んでいくばかりだった。さびしい女性を食いものにしているという罪悪感から逃れられない。

おまけに、毎月100万円以上の売上があっても給料は20数万円。家賃分を引かれるとそれが20万円になり、指名を取るために客とデートをしたり食事をしたりする経費や携帯代を支払うと、手元には5、6万円しか残らなかった。

高校生の頃には月10万円も家計の足しにできた。ホストになってそれなりに稼いでも、5万円しか仕送りできないのはなんなのか。

ホストになってから、もめごとも散々経験した。酔って荒れた先輩ホストから、路上に停めてあった自転車を放り投げられて、危うくケガをしそうになったことがあった。指名客を取った取られたの乱闘騒ぎに巻き込まれそうになったこともあった。シャンパンを持ってひっくり返ったこともある。妊婦と勘違いして気づかったらそうではなくてキレられて土下座をさせられたこともある。火の鳥をやって消しそこね、あわてて店を燃やしそうになったこともあった。

(オレ、こんなんやりたくて東京に来たわけじゃない)

マサオはホスト業に見切りをつけた。

(軽井沢に帰ろう)

店を辞めて軽井沢に帰る決意をしたとき、18歳で上京してから1年半が経っていた。

ブラック不動産会社

マサオが実家に戻ると、両親は「まだ、若いんだから、いくらでもやり直しできる」と言っただけで、それまでの事情は詮索しなかった。ありがたかった。

（一からやり直そう）

再就職先に不動産会社を選んだのは、父が建築業だったことが影響していたのかもしれないが、それだけではなく、実体のない虚業に辟易としたこともある。しっかりとした実業である建築にかかわりたかった。だからといって、肉体労働をする体力はないことはわかっている。人あしらいのうまさを生かした営業職なら、歩合で稼げるだろうという考えがあった。

だが、ここでも現実の厳しさを実感することになった。マサオが入社した不動産会社は、軽井沢ならではのリゾート物件の売買を得意分野としていた。一見、派手な裏側に回れば、やっていることは地上げだった。

マサオに課せられたのは、朝から晩まで地上げの電話をし続けること、そして物件の現地調査と掃除。営業を覚えるどころではなかった。

さらに悪いことに上司がパワハラ体質だった。まず、髪型が気に入らないと、マサオは五厘《ごりん》の坊主刈りにさせられた。見方によっては、一休さんのようなかわいいクリクリ頭だが、ホストを経験してヘアスタイルに気をつかっていたマサオにすれば冗談ではない。さらに虫の居所が悪いと、暴言の数々が飛んできた。殴られたこともある。ある日、事務所を掃除し、管理していた不動産物件の落ち葉を掃き清めていたら、「掃き方が悪い」と後ろから蹴りを入れられた。

そんな日々のストレスと疲れがたまっていたのか、マサオは自家用車で帰宅途中、峠で事故を起こした。うとうとしてしまったのかもしれない。「あっ！」と思ったときにはガードレールを突き破り、車ごと崖から真っ逆さまに落ちた。気がつくと、川のほとりの大破した車のなかにいた。

（三途《さんず》の川だ）

そう思ったのは無理もない。だが、かすり傷程度で大ケガはなかった。パトカーが急行し、車はレッカー車で運ばれて廃車になった。そのとき思った。

「くだらねえな」

くだらない上司にいいように使われる生き方なんてくだらない。会社にも自分にもうんざりだった。マサオは会社を辞めて再び上京した。

一刻も早く一人前と扱われるスキルを身につけたかった。軽井沢の特殊な不動産会社でそれは難しい。なにより、パワハラ上司とは二度と顔を合わせたくない。ならば、多くの不動産会社がせめぎ合う東京に出る。これがマサオの決断だった。

上京して潜り込んだのは、賃貸物件の仲介業を主な業務とする中小の不動産会社。マサオが配属された池袋営業所以外に、新宿にも賃貸部門があり、三鷹の営業所は売買も行っていた。

池袋営業所には10人くらいの営業マンがいて、主にアパートやマンション、貸しテナントなどの賃貸物件を扱っていた。この会社も軽井沢の不動産会社と負けず劣らずブラック企業だったが、今度ばかりは得るものを得ない限り、辞める気はない。軽井沢で「くだらない生き方はもうしない」と決意したときから、いずれ独立する力を養うために何年かは我慢するつもりだったのだ。

不動産会社はお客の多い土日や祝日も営業する。出勤日は週6日、朝9時に出社してから終電まで働いた。しばらくは下積みをしていくしかない。

マサオは契約を取りたい先輩たちの物件案内要員に便利に使われた。それも扱いにくそうな客ばかり。たとえば、明らかにその筋と思われる客が来る。

「よお、兄ちゃん。この部屋、見せてくれよ」

すかさずマサオに振られる。

「六川くん、内見のご案内して」

何度かそういうことがあり、マサオが明らかに闇金業者とわかる客や半グレっぽい客を苦にせず、機嫌をとるのがうまいことがわかると、そういう客の案内はすべてマサオの担当になった。マサオにうまみはない。契約が取れても、内見につきあうだけでは自分の売上にはならないのだ。マサオはマサオで、自分に課された月額100万円ほどのノルマを達成しなければならない。

マサオはある先輩社員に、普通の営業がいやがる客の内見をなぜ自分に振るのか聞いたことがある。その先輩は少しだけ申しわけなさそうな顔をして言った。

「六川はさ、なんか顔つきが違うよな。ギラギラしてる。だから、やくざっぽい相手でも平気かなと思ってさ」

「そうすか？　ほめられてると思っていいんでしょ。ありがとうございます」

そう言いながら、（当たり前だ。あんたらとは、やる気のレベルが違う）と思った。20歳そこそことはいえ、苦労の蓄積が違う。家の苦労やホストの経験で修羅場をくぐったことは、それなりに自信になっていた。その後も、「ギラギラしている」と先輩からはよく言われ、マサオはそれを逆手《さかて》に取ることにした。

遠慮しているばかりでは、自分の成績に直結する仕事はなかなかできないとわかった以上、どこかで戦わなければならない。だから、何件か物件案内をして成約したら、そのうちの1件はマサオの成績に反映してもらうよう内見の貸しをつくった先輩社員たちと交渉したのだ。小さな一歩だったが、それすらできずに陰で恨みごとを言っている者たちとの決定的な違いだった。

当時、賃貸物件の仲介業では、悪質な誇大広告が横行していた。たとえば、「池袋駅徒歩7分、ワンルーム8畳、洋式トイレ」と表示し、間取り図を示す。ところが実際は8畳ではなく6畳、和式トイレだったりする。問い合わせがあって、内見させると実態がバレてしまうので、「この物件は内約済みなんですよ。すみません」などと言って断る。そして、ほかの物件をすすめるのだ。

要するに客引きのための釣り広告。所在地は表記しなければならないから、架空の物件をでっちあげるわけにはいかない。大家が無頓着だとか、ずっと空き室になっているなどの事情がある〝いじれる〟物件を見つけて行われていた。業界の隠語で「消し物件」。物件を消すという意味だ。

こうしたことを不動産関係者が暴露したのか、あるいはユーザーがあやしいと感じたのか、インターネット掲示板などでは池袋の不動産会社はどこも悪評紛々だった。ところが、マサオが勤めていた不動産会社に関するコメントは、あまり荒れることがなかった。マサオ自身は消し物件にかかわったことがなかったが、ほかの不動産会社同様に自社が〝えぐい〟ことをしていたことは知っていたから、不思議でならなかった。

そんなブラック会社に勤め続けて2年。不動産業界の内情はある程度把握した。営業スキルはしっかりと身につけることもできた。それでも、給料は25万〜27万円ほどで頭打ちだった。

（これじゃ、いつまで経っても家の借金を返せないぞ）

そう思い、遮二無二働いて3年。その甲斐あって、ようやく実家の借金を完済することができた。もちろん、マサオだけではなく、親思いの兄弟姉妹6人が力を併せた結果だ。

やっと自分のために金を使える状況になったにもかかわらず、それまで人のためにしか働いたことがなかったマサオは心が虚ろになったように感じた。

（これからは、自分のやりたいことを、自分のためにやるんだ）

何度も自身に言い聞かせ、自分になにができるのか、なにがやりたいのか、自問自答するうちに、「独立」の二文字が心に蘇ってきた。そろそろ頃合いだった。軽井沢でのリベンジを心に誓っていたマサオは、まず不動産業での独立を考えたが、資本金に1000万円は必要で、もちろん、そんな金はない。ハードルが高すぎた。

（営業は得意だ。酒は好き。飲食業界の内情はある程度知っている。バーだったら300万円ではじめられる。バーしかない！）

開業の決意

なにかをはじめるには適切な時期があるとマサオは思っている。そして、（時がきた！）と思ったときに踏み出さないと、事は成就しないことを直感的に悟っていた。そして、思い切りのよさはマサオの持ち味だ。

早速、会社に退職したいと意思を示した。バーを開業したいのだということも伝えた。

「へえ、バーか。お金はあるの？　大丈夫？」

上司は心配してくれる素振りを見せたが、鼻で笑っているようにマサオには感じられた。先輩社員の1人がいち早く聞きつけたらしい。

「六ちゃん、辞めるんだって、会社。バーやるって？」

「池袋でやろうと思ってます」

「へえ、経験あんの？　金は？」

「コツコツ貯めました。あとはバイトで貯めます」

ほかの先輩社員や同僚の反応も似たようなものだった。

「人脈はあるの？」

「お酒つくれるの？」

気づかうような言葉の裏側に、嘲《あざけ》るようなニュアンスが感じられた。

（あなた、不動産屋じゃん）

（そんなの無理に決まってんだろ）

（夢見てんじゃねえよ）

そのように思っていたに違いないことは態度でわかる。マサオは内心傷つきながらも、ファイトを燃やした。

退職すると宣言したその日から、マサオは定時に退社すると、有名バーチェーンでアルバイトをはじめた。開業資金を貯め、経験を積むためだ。

その店は、マサオが勤めていた会社とは、駅をはさんで反対側の池袋東口にあった。会社から歩いて10分もあれば着く。マサオは18時頃に退社すると、学生アルバイトとともに、19時からラストまで働いた。閉店は午前1時だったが、後かたづけがあり、業務を終了すると午前2時頃になる。

マサオとしてはカウンターに立ってカクテルを覚えたかったのだが、キッチンに回された。忙しくて人が足りず、学生アルバイトはキッチンに回されると、すぐ辞めてしまうのだ。

「社会人だし、とりあえずキッチンでがんばってください」

そう言われては仕方がない。不満だったが、キッチンでひたすら酒のつまみをつくり続けた。

その店の店長は、バーを開業するために、マサオが不動産会社に勤めながらアルバイトをしていることを知ると、あちらこちらのバーに連れ歩いてくれた。バー経営の参考になればと思ってくれたらしい。

そのなかに、マサオの目を開かせたショットバーがあった。店はお世辞にもきれいとは言えない。トイレなど掃除をしているのかと思うほど汚れていた。それなのに、いつも満員。マサオが見るかぎり、それはマスターの人柄のおかげで、本格バーではありえないくだけた接客が魅力だった。

（こんな接客でも成り立つんだ。うちもこういうスタイルでやっていこう。絶対楽しい）

アルバイトとして過ごした期間は8ヶ月。とうとうカウンターには立てなかったが、このバーとの出会いはマサオにとって大きな財産になった。

（どうせカウンターに立てないなら、あまり意味はない。もうやろう）

開業にあたり目標としていたのは300万円。バーチェーンのアルバイトで、月20万円ほど貯金することができた。不足分は持っていたロレックス、金貯金、アクセサリーをすべて換金すれば足りる。

こうして開業したのが、立教通りの雑居ビル7階の「SHOTBAR MAO」

だったのだ。マサオが勤めていた不動産会社の目と鼻の先。いずれ、「不動産業界を見返してやる」というマサオの強い思いも、その物件を選んだ心の奥底に秘められていた。

Vision

どんなスタイル、売りはなに？ビジョンをもつことの大切さ

バーのスタイルと雰囲気づくり

バー経営を目指していた頃の私は、独立することが第一でした。それまでの逆境を克服して、のし上がることが目標だったのです。そういう意味では、バー経営は必然ではなかったかもしれません。ですから、バーを開業することを目標にしてはいたものの、では、どういうバーにしたいのか、お客さんにどう過ごしてもらうのかは漠然としていました。

そんな私の目を開かせてくれたのが、ショットバーP（仮名）との出会いでし

た。不動産会社に勤めながら、バーチェーン店でアルバイトをし、その店の店長に連れていかれたバーで、場所は東口の雑然とした一角、雑居ビルの地下。

ショットバーPのマスターの接客は衝撃的でした。本格バーなら、黙ってお酒だけ出して、お客さんの話は聞いていないふりをして、よけいなことは言わないのが流儀みたいなところがありますが、ショットバーPのマスターは、自分のすべてをさらけ出したお客さんとのコミュニケーションを軸にして店を切り盛りしていて、お客さん同士の話に口をはさみ、下ネタは全開……とにかく規格外。それが楽しくてお客さんが集まっていたのだと思います。

あるときは、酔いすぎて店のなかで失禁したことがありましたが、それでも「まあ、しょうがねえか。このマスターなら」と許されてしまう。トイレが汚いのにも驚きました。毎日酔っ払っているから掃除に手が回らなかったのでしょう。けれども、お客さんはそういうことも全部受けとめて、ファンとして来てくれるのです。

さすがにすべてを真似しようとは思いませんでしたが、ショットバーPのマスターは、いい意味でプライドがないというか、また会いたくなる雰囲気があって、とにかくお客さんに好かれることの大切さを学んだように思います。この出会いによって、私は自分のバーを、コミュニケーションが楽しめる場、人と人のふれあいをつくれる場にしようという明確なビジョンをもつことができました。

バービジネスを目指している方は、ぜひ、ご自分の目指すバーのスタイルをしっかりイメージしていただきたいと思います。

シェーカーをしっかり振れて、「本格的なカクテルも出せますよ」という本格バースタイルを目指すのか、ざっくばらんにコミュニケーションが楽しめる店を目指すのか、イメージづくりは非常に重要です。そのためには、ほかのお店に行ってみて、どういうお店かなと見るのは役に立ちます。基本はどこかのお店をモデルにして、そこに自分のイメージを上乗せしていくのが現実的なイメージ法かもしれません。

10年後の未来像を描くこと

事業展開についてもプランをもってほしいと思います。漠然とでもよいので、10年後の未来像が描けているかどうかで事の成否は左右されます。私の場合、最初は個人店で、右も左もわからないまま、とりあえずのチャレンジでしたが、事業として大きく成長させるというビジョンは常にもっていて、実際にそうすることができました。

バービジネスを大きく展開したいと思っている方と、副業程度でオーナー自身が店に出て、お客さんとのコミュニケーションを大切にしながら稼げればよいと思っている方とでは、まったく営業方針が違ってきます。

ビジネスとして大きく成長させたい、多店舗展開をしたいと考えるなら、従業員の育成も含めて資金と時間をかけ、計画的に売上を立てられるように現場を回していく必要があります。

一方、個人事業主で自分がオーナーであり、店長でもあるというスタイルで店にも出るなら、しゃかりきになって売上を追求しなくてもいいわけです。お金をしっかり稼ぎたいけれども、お客さんも含めてお酒の席にいるのが好き、仲間たちと楽しくやって生計を立てられれば、それはそれで正解。

起業するにあたって、まず自分のビジョンを明確にしておかないと絶対に失敗します。ビジネスを大きくしていきたい人が店に出ることに固執していたら、事業全体の目配りができません。個人事業主が1店舗で売上を立てていくなら、売上に汲々《きゅうきゅう》とせずにやるべきで、切迫した感じがお客さんに伝わると逆効果にしかなりません。自身の心の声を聞くことができれば、それに合わせた事業展開、経営ができると思います。

それがぶれていると、すべてがぶれていきます。接客の姿勢から、事業発展に関するまで、明確な目標を最初からもっていたほうが、うまくいくのは間違いありません。特に法人化を目指す場合は、目標が明確なほうが早く達成できます。

多店舗の法人化を目指す場合でも、個人事業主でのんびりやる場合でも、お客さんを惹きつけるのは「人」であることは忘れないでいただきたい。適切な場所選びができて、お客さんにしっかりサービスできれば、成功するのがバービジネスの魅力だと私は思います。

POINT4◀

◇どんなスタイルのバーにするのか、はっきりとしたビジョンをもつことが大切。ほかのお店をよく観察したい。
◇目指す事業規模も明確にしておきたい。大きく事業展開したいなら、計画性が重要。一方、のんびりやるもよし。
◇どんな事業規模でも、大事なことは「人の魅力」。

むやみに人に相談しても得るものは少ない

池袋の不動産会社に在籍し、バーを開業するために退職することを会社に告げたあと、上司や同僚たちは応援してくれるような言葉を口にしながら、私に対して実現不可能な夢を見ている哀れなやつという感じのリアクションを示しました。もともと相談するつもりなどなかったのですが、頼りになるのは自分だけという思いを強くしたことをはっきり覚えています。

そもそも独立して経営者になろうとしている人間が、多少人生経験が豊かな相手だとしても、サラリーマンに相談したところで得るものはほとんどありません。それどころか、ネガティブな意見や感想を述べられて、モチベーションが下がるだけ。誰かに相談して有益なアドバイスがもらえることはほとんどない。経験上、私はそう断言できます。

開業した当初、近隣エリアの飲食店経営者の方たちにすりよって、教えを請いに行ったこともありますが、ほとんど表面的な話しかしてくれませんでした。ライバル店になる可能性があるわけですし、そもそも「若造」となめられ、「スポンサーいるんでしょう?」みたいな感じ。

それは開業前に通ったショットバーPのマスターも同じで、応援はしてくれましたけれど、どういうふうに店をやればいいのかといったことはふんわりしていて、テナント物件選びのアドバイスなんてもちろんなし。試されてるというか、「どれだけ本気なの?」という部分もあったのでしょう。

だからといって、無理に人脈をたどって、有力な経営者に会う機会を得たとしても、相談に乗って事業を助ける代わりに、売上の何割かを要求されるというような話もたくさんあります。やはり、本当に信頼できる人ではない限り、相談するだけムダ。バービジネスを志すなら、しっかり覚悟が決めて、中途半端に他人に相談しないことを私はおすすめします。むしろ、出店したいエリアの飲食店の人たちと仲よくなって、情報収集に力を注いだほうが役に立ちます。

相談するならお金のプロに

開業前に相談するなら、出店したいと思うエリアの税理士がいいと思います。税理士の業務内容は税金に関することで、守秘義務がありますから、真正面からぶつかっても相手にはしてもらえません。

本来は業務外のビジネス相談ですから、うまく知り合いになって、個人的に相談に乗ってもらう関係をつくるのです。どこの店と名指しせずに、そのエリアの飲食店が流行っているのかくらいは教えてくれるかもしれません。他店の状況をそれとなく聞ければベスト。

聞き方は重要です。どのぐらいの規模でこういうふうな展開を考えてるんだけども、それに似たお店で、そこの細かい事情は明かさなくていいから、なんとなく教えてくれないですか？　ただし、うまくつながりをもって、自分のビジョンと熱意を伝えてもダメなら、さっさとあきらめてください。

Part.3

地下の楽園

カラオケ

その客は階段を降りる足音もさせず、吸い込まれるように店内に入ってきた。

「いらっしゃいませ」

22時を過ぎて、客がいったん引けたあとで、手もち無沙汰だったマサオは、そう声を発すると息を飲んだ。スーツを着たスキンヘッドの男が眼鏡越しにマサオをにらみつけるようにして立っている。

(やべえ。なんだ、この人。なんでにらむ)

水の入ったグラスをカウンターに置くと、男はようやく腰掛けたが、まだマサオをにらむように凝視している。相当に酔っているのがわかった。マサオはまったく気にしていないふりをして笑顔を向けて注文を聞いた。

「なにをお飲みになりますか?」

「なんだ? カラオケねえのか。この店は」

吠えるように言うと、またマサオをにらみつける。

「いやあ。カラオケないんすよ。すみません」

「スコッチ。ロックで。ダメだろ。カラオケねえのは」

マサオがロックグラスにグレンリベットを注ぎ、恐る恐る差し出すと、奪うようにグラスをわしづかみにして、グビリと喉を鳴らす。

「これ、いくらだ?」

「800円です」

「高えなあ」

そう言いながら、瞬く間にグラスを干し、指先でグラスを指差す。あわててマサオはグラスを満たし、コースターの上に置いた。

そのあと、その客はスコッチを飲みながら、服装から酒の値段、カラオケのことまで、ひとしきりマサオをディスると、会計を済ませて帰っていった。

「また、来るわ」

扱いの難しい客の退散に、ホッと一息ついたものの、少々気が滅入る。

（また来るんですか……）

予告通り、男は次の日も来た。また次の日も。男の態度からはそうとは思えなかったが、店が気に入ったようだった。

来るたびにマサオを相手に愚痴を言い、クダを巻くのをそれとなく流しつつ、聞き出したところによると、その客は庄村というらしい。大手電機メーカーの中間管理職で、26歳になっていたマサオと5歳ほどしか違わない30代と聞いて内心驚いた。よほどストレスが溜まっているようで、マサオはその恰好のはけ口にされたようだ。

庄村はほぼ毎日、移転したばかりの「SHOTBAR MAO」1号店にやってきた。酩酊した状態で来るたびに、「カラオケを入れろ」と言い、マサオを相手にクダを巻くと、機嫌がいいのか悪いのかよくわからない態度で帰っていく。

22時頃にやってきて、いったん帰り、2時くらいに再来店することもめずらしくなかった。翌日も仕事があるだろうに、とことん飲んでタクシーで板橋まで帰る。とにかく、マサオが気に入ったらしい。だが、「六ちゃん」と呼ぶようになっても、マサオをディスるその態度に変わりはなかった。マサオにしてみれば、徐々に慣れてきたとはいえ、ひたすら耐えるのみ。

（お客さんのストレス発散に役立ってるんだから……）

0号店（移転前の店を試作機《プロトタイプ》に見立て、マサオはそう呼んでいた）からの常連は継続して来店してくれるものの、常連客を増やしたいマサオにとって毎日飲みにきてくれる庄村はありがたく、贅沢は言えない。

庄村はスコッチを好み、ロックやハイボールで豪快に飲んだ。飲んでストレスを発散し、飲みながらストレスの元になった出来事を思い出して、また、マサオに絡む。そして、飲み終わったグラスの氷をカラカラ鳴らして催促する。

「８００円っすよ」

そう言うと、音が止まる。一杯おごれということなのだ。

「しょうがないな。一杯だけですよ」

流行っているとはいえない店の大事な常連客を逃したくはない。震災で店に置いていた酒すべてが割れた前の店の出来事を思えば、一杯おごることなど、なんということはない。

（これ飲んで、また来てくれたらいいよ）

庄村への対応に徐々に慣れてきたマサオは、いつの間にか「庄さん」と呼ぶようになった。最初は馴れ馴れしく呼ぶんじゃねえ、と言わんばかりの態度だった庄村が、そう呼ばれても不機嫌な態度を示さなくなると、常連客たちも「庄さん」と怖がりつつも呼ぶようになって、庄村はまんざらでもないようすを見せるようになっていた。

ただでさえ、相手をひるませる風情なのに、怒るとさらにただならぬ雰囲気を身にまとって、居合わせた客を怖がらせることもあったが、ケンカになるような実害をこうむったことはない。

そして、マサオはとうとう折れることにした。

「六ちゃん、カラオケ入れたほうが絶対儲かるから。歌好きは喜ぶし、喉渇いて勝手に飲むんだし、場の雰囲気もつくれるだろ。入れないほうがおかしいだろ」

ドスのきいた声で何度も言われて、根負けした格好だ。

（トークで店を切り盛りしたいんだよね、オレは。ほかのお客さんも絶対静かなほうがいいと思ってるよ）

カラオケが入った日、庄村は当然のようにやってきて、ＡＫＢ48の「恋するフォーチュンクッキー」ほか数曲を歌い、マサオは歌に合わせて踊らされた。

カラオケを入れたところで、客足に影響するはずはないと思っていたマサオの予想は、もののみごとにはずれた。たった6席のせまい店は席が空いていることが少なくなり、売上が飛躍的に伸びたのだ。

（オレが間違ってました。庄さんのおかげです）

固定観念にとらわれないつもりが、「バーはこうあるべき」という思い込みをしていたのかもしれないと、マサオは思うのだった。

カリスマ

池袋西一番街と呼ばれる繁華街に移転した「SHOTBAR MAO」は、移転から1年ほどで、その立地にふさわしい繁盛ぶりを見せるようになった。0号店時代からの常連客で、マサオと親しく接してきた遠藤広夢にとっても、それは喜ばしいことで、カウンターのなかで忙しそうに、だが、楽しそうに働くマサオの姿を見るのはうれしく、その日もMAOに向かう広夢の足取りは軽かった。

地下につながる扉を開けて、螺旋状になった階段を降りると、2、3人の客がカウンター席に座っていた。マサオがなにか冗談を言ったらしく、笑い声がせまい店内にこだまする。

目ざとく広夢の姿を認めたマサオが笑顔を広夢に向けた。

「いらっしゃい。広夢くん」

気心の知れた相手には、くだけた対応を見せるマサオのその態度が広夢には心地よい。だからといって、マサオがサービスの手を抜くことはしないことも知っている。空いていた席に広夢が座ると、マサオは手早く水の入ったグラスをコースターに置き、すかさず注文を聞く。

「なに飲む？　広夢くん」

「白州をハイボールで。忙しそうっすね」

「まあ、ありがたいよね」

談笑するほかの客を横目で見ながら、マサオは朗らかに笑った。広夢の目には0号店の頃とは違った心の底からの笑顔に見える。

「あっ、そうそう。バイトの子を雇うことにしたんだよ。店を任せられるようになったら、休みが取れるかな」

「マオさん、働きづめだったすからね。こっちに移ってから1日も休んでないでしょ」

マサオの3つ年下で、マサオを敬愛していた広夢は、ほかの客と同じように、六さん、六ちゃんとは呼びたくない。マサオのもじりで店名でもあるマオこそ自分がマサオを呼ぶのにふさわしいと思っていた。

「休んでらんないよね」

たしかに、マサオは移転してから1年、1日の休みもなく1人で営業を続けてきた。移転資金を姉から借り、業者を拝み倒して改装費用を分割払いにしてもらった身としては、一刻も早くそれらを完済するために遮二無二働くしかなかったし、そもそも年中無休を謳っていたから、休む気などなかった。

「バイトの子って、役に立ちそうすか?」

「20歳、21歳だったかな。ＥＸＩＬＥのＡＴＳＵＳＨＩっぽい、クールな感じの小原くんて子だよ。ちゃんと教えていけば、使えるようになるでしょ」

「マオさん、どんどん先に行っちゃうなあ。追いつけないっすよ」
「焦んないことだよ。広夢くん。でも、早く店が実現するといいね。乾杯」
「乾杯」

広夢は18歳のときに建築士を目指して福島県いわき市から上京した。建設会社に1年半に勤めたが体を壊して、営業職に転職。「これじゃない」と思いだした頃に飲食業の魅力にふれた。

きっかけは居酒屋のアルバイトだった。客と店員がフランクに交流する空間に魅力を感じたのだ。

(やりたいことはこれかもしれない。お客さんとフランクにコミュニケーションができる場所？)

広夢は、こぢんまりとしたバーをイメージした。年齢も業種も異なる人々が共有できる小さな空間。

（その真ん中にいるのってバーテンダーだな。めちゃくちゃかっこいいな）

そんな思いを募らせ、20歳そこそこでバーめぐりをするなかで出会ったのが、「SHOTBAR MAO」0号店だった。自分のやりたいことを探っている自分よりわずか3歳年上のマサオがオーナー店主として店を切り盛りしていることに広夢はまず衝撃を受けた。

（この人、すげえ）

マサオに興味をもち、通い詰めていくうちに、広夢はその決断力や人とはひと味もふた味も違う発想に惹きつけられた。飲食業に関する疑問をぶつければ丁寧に答え、悩みごとを打ち明けると、「こうすればいいんじゃない」と、響くようにたちまち答えが返ってくる。

若くしてさまざまな苦労を乗り越え、覚悟の末に開業にこぎつけたマサオとすれば、それはたやすいことだったのかもしれない。

ある日、仕事が終わって、広夢がMAOを訪れると店が開いていなかった。

（あれ、おかしいな。年中無休だったよな）

時計を見ると20時。いつもならオープンしている時間だった。携帯に電話をすると、聞き慣れたマサオの声が出た。特に体調が悪いようには感じられない。

「ああ、ごめん。今行くから」

連れ立ってきた友人と路上で20分あまり待ち、自宅から飛んできたマサオに店へ入れてもらった広夢は、そのあとマサオが打ち明けた話に仰天した。店の売上だけではアルバイト代を賄えず、朝まで営業したあとに会社勤めをして、その給料をそのままバイト代として渡しているという。その日は終業が遅くなって開店が遅れたらしい。

（バイトって、あの変なオッサン？　切ればいいだけじゃん。それなのに……。この人、命をかけて店をやってんだ。すげえ。オレもバーを開こう。いや、絶対に開く）

広夢にとって、マサオはカリスマだった。

恋のキューピッド

ＭＡＯのホームページを見て、アルバイトとして雇ってほしいという申し出がまたあった。フリーターとして百貨店で働いている23歳の女性だった。

「こんなバーで働いてみたいと思ってたんです」

そう言われて悪い気はしないし、人手も足りない。女性なら今までとは違った店の雰囲気をつくることもできそうだ。マサオは雇うことにした。早くも女性ファンが付き出した小原と交互に入ってもらえばいい。

山本というその女性は、すぐに常連客の心をつかんで、やまちゃんの愛称で呼ばれるようになった。すらりと細身で小柄、明るく、笑うと笑窪ができて愛らしい。そんなやまちゃんに庄村が恋をした。

いつものように、庄村は23時頃に来店した。だが、ふだんと違って、あまり酔ってはいなかった。カウンター席に座るなり、庄村は切り出した。

part.3
地下の楽園

「六ちゃん、相談がある」

「えっ、なんですか？　いいすよ。話、聞きますよ」

聞き返しても返事はない。訝《いぶか》しかったが、庄村にまともに向き合っても疲れ果てることはわかっている。マサオは黙ってロックグラスを庄村の前に置くと、ほかの客との会話に戻った。

その日の庄村は、いつにも増して飲み、終電の時間にいったん客が引けても飲み、朝方に飲みにきたほかの飲食店の従業員が帰っても、まだ飲み続けた。朝8時、MAOの閉店時間だ。マサオが売上の確認をして、片づけをはじめても、まだ飲んでいる。

「店、閉めますよ。庄さん、行きますよ」

庄村はしぶしぶといった体で店から出ると、ようやく口を開いた。

「六ちゃん、話、あるんだけど」

「はい？」

「オレ、やまちゃんに告白しようと思ってんだ」

もともと饒舌《じょうぜつ》なタイプではない庄村が、これ以上つらいことはないという表情をして、腹の底から絞り出すような声でそう言うと、恋話を打ち明けている人には見えなかった。だが、見慣れているマサオには、モジモジとしたようすがうかがえて、笑い出しそうになるのを必死に堪《こら》えた。

（それでやまちゃんがいないときを狙って来たのか）

歩きながら、庄村は堰《せき》を切ったように、やまちゃんへの思いを語り出した。その足は庄村の自宅がある板橋方向に向かっている。マサオが住んでいるマンションは逆方向だ。

（しょうがないな）

2人とも朝まで飲んでいて、体調はいいわけがない。庄村がひたすら話し、マサオが相槌を打ちながら牛のように歩く。3時間ほど経ち、太陽が中天まで昇った昼前、マサオは庄村が住んでいるマンションの近くでようやく解放された。

part.3
地下の楽園

（オレは一体なにをやってるんだろう？）


庄村に振り回された感があったが、マサオは恋のキューピッドを買って出ることにした。いや、やらざるをえなかった。ふだんは強面《こわもて》で、ストレスをマサオにぶつける庄村が店のスタッフに恋をして、勝手に振る舞うでもなく店主であるマサオに気をつかって、「オレ、好きなんだけど言っていいかな？」と相談してきたのだ。邪険に扱うわけにはいかない。

「マジですか」と言いながら、「いけるかな、オレ」と、いつになくしおらしく問われれば、「全然いけますよ。応援しますよ、庄さん」と答えるのがマサオだ。

「庄さんが本気なら、キューピッドじゃないですけど、オレがやまちゃんに庄さんのよさをめちゃめちゃ第三者目線で伝えますよ」

板橋の路上でマサオは、庄村に約束した。いつもは眠っている時間に陽光の下を歩いて疲れ、庄村から解放されたくて、そう言ったわけでは決してない。

ＭＡＯは19時にオープンするが、その時間から店が混み合うことはなかった。食事を済ませ、あるいは居酒屋で飲んで食べたあとの2軒目。ＭＡＯに限らず、バーは一般的にそう位置づけられる。21時くらいから客が入りはじめ、終電までにひと山、朝まで営業している店なら、ほかの飲食店が営業を終えた時間から朝までにもうひと山、客足のピークがくる。

マサオは開店前、時には開店後から21時までの暇な時間を庄村とやまちゃんのマッチングに使うことを考えた。

「今、居酒屋で飲んでるんだよ。どうせ暇だからちょっと来ない？」

やまちゃんが指定された居酒屋に出向くと、マサオと庄村が飲んでいる。

「気付けにちょっと飲んで、食べて、このあとがんばろうよ」

そう店主に言われて断るアルバイトはいない。ひとしきり、お客さんの噂話などで盛り上がる。また、あるときはマサオが庄村をほめちぎる。

「強面に見えて、じつは庄さんって、やさしいでしょ」

「誠実っすよね。まあ、オレにはあれだけど、ほかのお客さんには気をつかってくれてるのがわかるし。庄さんなら間違いないっすよね」

庄村に向けて話しているふりをしながら、もちろん、やまちゃんに聞かせているのだ。マサオはウソを言っているわけではなく、庄村の美点を強調しているだけだったから、やまちゃんは素直にうなずいて聞いていた。

そんなことが度々あり、庄村が店に来れば、やまちゃんにやさしく接するのだから、よほど鈍い人間でなければ、マサオの意図は丸わかりだっただろう。そして、やまちゃんはなかなかカンの鋭い女性だった。それにもかかわらず、マサオの三文芝居につきあっていたのだから、庄村を憎からず思っていたのだろう。

やがて、2人はつきあいはじめた。どこそこにデートに行ったとか、食事をしたとか、庄村が律儀に報告するものだから、マサオは2人の距離がどんどん縮まっていくようすが手に取るようにわかった。

「美女と野獣だな」

口の悪い常連客の1人は、そう評した。悪意はない。常連客はみんな2人を祝福していた。クセのある庄村だが常連客から愛されていたらしい。

そして、2人は結婚した。のちに庄村が転勤した広島から、絵葉書が届いたことがある。絵に書いたような家族写真のなかの庄村は、相変わらずのスキンヘッドだったが、カメラを向いたその目は見たことがないほど柔和で、いたわるように肩を抱かれた愛妻のやまちゃんの腕のなかで幼子《おさなご》が眠っていた。

司法書士試験

MAOの常連のなかに大田という客がいた。うっかりすると来店に気づかないほど物静かで、いつの間にかカウンター席に座り、マサオや客の話を微笑みながら聞いて、ハイボールを2、3杯飲んで帰っていく。ほかの常連客は知らなかったが、司法書士を目指していた。

客に身の上話をさせるのは、マサオの特技。どういうことのない話を糸口に巧みに誘導されると、客はいつの間にか自分のことを話しはじめる。ふだんは寡黙な大田も、ほかの客がいないときに司法書士を目指していること、3年連続して司法書士試験に失敗していることをマサオに打ち明けていた。一度、打ち明け話をすると、話を聞いてくれた相手に何度も話をしたくなるものだ。

梅雨のさなかの7月のある夜、大田が1人でやってきた。めずらしく相当酔っている。あいにくの雨続きで客は1人もいなかった。

大田はマサオの正面に座ると、注文したハイボールを飲みながら、いまにも泣き出しそうな顔をした。

「どうしたんすか？　大田さん」

「六ちゃん、オレはダメだよ。また、試験に落ちてしまった。もう、あきらめたほうがいいかな。こんなこと言われても迷惑だよね」

「あきらめたら、今までの努力がムダになるだけじゃないですか」

「もう少しがんばりましょう。今はショックだと思いますけど、明日には元気になれますよ」

マサオがいくら励ましても、大田は「オレはダメだ」「もうあきらめたほうがいいんだ」と繰り返すばかり。すっかり心が折れてしまっているようだった。

（こりゃ、荒療治が必要だな）

マサオはちょっと息を吸い込むと、大声を出した。

「なに言ってんすか！　大田さん。そんなことになったら、今まで話した時間、まじムダなんですけど！」

マサオの切れた声に大田は驚いて、うつむいていた顔を上げる。

「そんなへなちょこだとは思わなかったすよ」

さらに追い打ちをかけるマサオの顔を見つめながら、大田は涙をポロポロとこぼした。

「わかったよ。六ちゃん。ありがとう。オレ、がんばるよ」

「そうですよ。それでこそ大田さんじゃないですか。切れたりしてすみません。仲直りしましょ。シャンパンでも飲みますか？　入れましょうか？」

「うん。1本抜いてくれる？」

「これが勝利の美酒になるように、がんばってください。乾杯！」
2、3日さっぱりだった売上は、シャンパンのおかげでその日はそこそこになり、マサオも満足だった。
大田はその2年後、念願の司法書士となることができた。マサオの檄《げき》と、シャンパンのおかげだったかどうかはわからない。

「紅白」願掛けカクテル

0号店でアコースティックライブをイベントに熱を入れていたのは、売上のためだけではない。マサオはもともと音楽好きで店にギターを飾っていた。

その日、ふらりと店に入ってきた30代なかばらしき客が、そのギターに目をとめたのをきっかけに、ラルクアンシエルやルナシーを話題にして、ひとしきり盛り上がった。

「マスター、若いのによく知ってんねえ」

「いやあ、ここに移ってくる前の店で、アコースティックライブをよくやってたんすよ。インディーズバンドのメンバーの方たちに来てもらって。月1、2回だったんですけど」

「ここじゃ、さすがにせまいから無理だよね」

「そうっすね」

「オレも昔、バンドやってたんだよ。マスターはギター弾くの?」

「いや、もうかたちだけです」

「オレもずいぶん、楽器さわってないからもう弾けないかもな。音楽は仕事だけだよ、今は」

「お仕事、音楽関係なんですか?」

「Cレコードって知ってる? 白鳥三郎とか相川憲司が所属してるレコード会社。そこでプロデューサーやってんのよ」

「えっ! 超有名じゃないですか」

「プロデューサー 古野」と記された名刺を受け取ると、マサオはしばらく見つめ、大事にカウンターの内側の引き出しにしまった。


その日から古野はたびたびMAOを訪れるようになった。気に入ってくれたらしい。興味津々のマサオがつい根掘り葉掘り聞くと、モデルガンの早撃ちをステージ披露することから「早撃ち演歌歌手」として注目されていた美山たかしは古野の担当だという。

音楽好きのマサオとしては、古野に近づきたかった。できれば店の宣伝につなげたいという気持ちもあった。

「うちでなにかイベントやってくださいよ」

できればいいな程度のおねだりだったが、古野が気にかけてくれてCレコードが企画を練り、紅白歌合戦出場の願掛けに、1日バーテンダーに扮した美山たかしがオリジナルカクテルをつくってファンに振る舞うイベントがトントン拍子で実現の運びとなった。

「オリコン演歌チャート1位を取った、早撃ち名人の演歌歌手美山たかしがMAOにやってくる！」

イベント告知のポスターが店内に貼られ、新聞社が取材に来るらしいと、このイベントは西池袋一番街の話題となった。

イベント当日、バーテンダー然とした衣装に身を包み、美山たかしは颯爽《さっそう》とやってきた。マサオに案内されてカウンターのなかに入り、鮮やかな手つきで赤と白のリキュールを使った「紅白願掛けカクテル」をつくると、ファン5人に振る舞った。

そのようすをカメラマンが撮影し、新聞記者が取材する。マサオが出る幕はなかったが、イベントは大成功だった。

「古野さん、ありがとうございました。本当に感謝しています」

「いや、うちもさ。美山のいいプロモーションになったよ。これがきっかけになって紅白出場が決まれば、万々歳なんだけどな」

その古野の言葉は現実になった。美山たかし紅白歌合戦初出場。ＭＡＯでイベントを行った翌２０１５年の暮れのことだった。

attitude

もちろん資金は大事 ただし、最後はやる気と覚悟で決まる

0号店から1号店へ移転する際の苦労

移転したビルは一等地の物件で、賃貸契約を結ぶことができたのはラッキーでした。立地条件からいえば、もっと賃料を取られてもおかしくないテナントです。

問題はやはり費用でした。0号店は完全に赤字経営でしたから蓄えはありません。姉から100万円借り、自分でかき集められたのは50万円くらい。なんとか物件は押さえられました。けれども、内装費がありません。

どうしたかというと、ハンマーを買って、私1人で壁を壊しました。ただし、

そのあとの配管や配線など設備を含めた内装工事は素人には無理です。通常、工事請負契約の代金は、着手時・完成時の2回（または中間時を加えた3回）に分割して支払います。着手金を支払うことはできました。ところが完成時にお金がありません。私にできたのは頭を下げることだけです。

「ごめんなさい。入金が滞ってしまって……。分割にしてください」

本当は最初から足りないのがわかっていたのですが、そこはごまかして、ひたすら謝りました。「しょうがねえなあ」ということになったのは幸いです。

店ができたあとは、ぎりぎりのお酒をそろえて、毎日コンビニのロックアイスを買って日銭で回していました。少し余裕ができたら返済に回し、製氷機やショーケースなどの備品を買って、バーらしい体裁ができたのは半年後、姉から借りた100万円と、工事費の残り200万円くらいを返済できたのは1年後でした。

もちろん、こんなやり方は皆さんにはおすすめできません。いちばん大事なことは、やる気と覚悟だということを伝えたかったのです。

skill

バーを楽しめる場にするための心配りとトラブルシューティング

バーをコミュニティーにできるかどうか

立教通りのそばにあった0号店を引き払い、西池袋一番街に移転して1号店を開いたあと、0号店の反省を生かして私は1人で遮二無二働きました。

0号店での経験はムダではなかったと思っています。金銭面ではたいへん苦しい思いをし、マイナスでしたけれど、そのとき店に来てくれていたお客さんはいまもMAOの常連です。私自身のことでいえば、我慢強さや、あの手この手でイベントを組む発想力と行動力を養うことができました。手前味噌ですが。一等地でぬくぬくやっていた経営者たちとは一段違うパワーを蓄積できたと思います。

0号店とは違って立地条件にめぐまれていたこともあって、1号店の経営は徐々に軌道に乗っていきました。大きく売上を伸ばすきっかけとなったのは、庄村さんに言われて半信半疑で入れたカラオケでしたけれども、それは単なるきっかけにすぎなかったと思います。

カラオケで歌うのが楽しいならカラオケボックスに行けばいい。バーに来るよりよほど割安です。でも、庄村さんはMAOに来たかったのです。私相手にストレスを発散することも目的だったでしょうけれど、MAOに来ていたほかのお客さんたちと交流することも楽しんでいたはずです。

バーの魅力とはなんでしょうか？　私はやはり場の共有、バーを舞台にしたコミュニティーだと思います。性別も年齢も業種も違う人たちがお酒を介してコミュニケーションを楽しめる場。お客さんが楽しめるコミュニティーがつくれるなら、店主や従業員がバーの主役になってもいいし、脇役に徹するのもよし。

実際、いろいろとたいへんでしたけれど、新規のお客さんが常連になって何年も通ってくれて、お客さん同士が仲よくなるのはすごくうれしいことでした。また、お客さんが抱えている悩みを聞き、精一杯のアドバイスを送って解決できたときの喜びは格別です。それをきっかけにリピートして、お金を落としてくだされればさらに店もハッピーです（笑）。

この章のストーリーパートには、ＭＡＯ１号店を訪れてくださった方たちの印象的なエピソードを記しました。

なかでもスタッフの女性と結婚した庄村さんのエピソードは忘れることができません。紹介したエピソードのほかにも、ＭＡＯで出会ったお客さん同士、あるいはお客さんとスタッフの結婚は、10組以上あったと記憶しています。ＭＡＯがなかったら、絶対出会っていないはずだと思うと、お金では買えない醍醐味を感じます。

Ｃレコードのプロデューサーである古野さんが企画してくださった、演歌歌手美山たかしさんのイベントは、MAO1号店のクライマックスのひとつです。MAOの魅力を発信しようと努力してきた甲斐がありました。古野さんにはその後の多店舗展開の際にも、さまざまなご助力をいただいて感謝しています。それもこれも、バーを舞台にした出会いのたまものであることを強調しておきたいと思います。

お客さんとの上手なつきあい方

バーを経営していれば、いいことばかりではなく、トラブルが起きることもあります。誰でも酒に酔えば、行動に歯止めがかからなくなる傾向がありますから、それは当然のこと。「それもバーの宿命だ」と達観するのも大事かもしれませんが、私のこれまでの経験から、お客さんとの上手なつきあい方について、大まかにふれておきたいと思います。

まず、男女関係。お客さん同士の関係についてはあまり口をはさめませんから、お客さんとスタッフとの関係にしぼります。

私がバー事業を法人化し、このあとの章に登場するＭＡＯ2号店やＭＡＯアネックス（3号店）と多店舗展開をしていく過程で、社員やアルバイトのスタッフはどんどん増えていきました。そのスタッフたちには恋愛禁止というような野暮なことは言いません。ただし、本気の場合にかぎります。遊びだったら絶対許さない。トラブルの元ですから。

それはお客さんについても同じで、お客さんが遊びでスタッフに手を出すことがないように気を配っていました。遊びで女性スタッフを口説こうとするお客さんは一定数います。店としては目を光らせて、そういうことがあったら、「うちのスタッフを遊びで口説くのはやめてください」と、はっきり言う。やんわり言って伝わればよいのですが、曖昧に言って伝わらないくらいなら、毅然として対処するのが大事だと思います。

「人に迷惑をかけない」「女の子に不義理なことはしない」、人として当たり前のことをお客さんにも、スタッフにも求めたということです。そうやってスタッフを守れば、店（特に会社）は、うまく回ります。

貞操観念が低い女性スタッフがいると問題で、それを放置すると店を中心にしたコミュニティーが壊れますから、辞めてもらうしかありません。

長年、バーをやっていると、対処に困るお客さんもいます。たとえば、飲食業をやっていて、スタッフを引き抜こうとして来店するお客さん。これはよく観察するしかありません。スタッフの信頼を得ておくことも、もちろん、重要です。

あと、多いのはスタッフを食事に連れ回すお客さん。もちろん、食事をするだけなら問題はないのですが、スタッフに入れ知恵をして、店とお客さん、あるいはお客さん同士の人間関係をこじらせたりされると手を焼きます。

正直、一体なにをしたいんだろうと思うのですが、これまであった事例から推測すると、スタッフの気を引きたいためにこういうことをやるようです。

MAOに通ってくる30代なかばのTさんというお客さんがいました。聞き上手で常連客の相談役のような存在。それだけなら上客です。ところが、この人は女性スタッフを食事に連れ回したがる。

「Aさんってお客さんがいるじゃん。あの人は気をつけたほうがいいよ」

「どうしてですか？」

「知らないの？　教えてあげるから、ちょっとご飯食べにいこうよ」

このように誘い出して、あることないこと吹き込む。

「あの人さ。女の子を口説いて自分のものにすると捨てる常習犯」

「MAOからバイト代いくらもらってる？　六ちゃんはケチで有名らしいよ。いやわかんないけど、ほかのお店だったら、もっともらえるんじゃない」

女性スタッフは自分が知らなかった裏事情を教えてもらったと思って、その人を信用するわけです。そうやって、デートに誘いまくる。Tさんがそんなことをしているとわかったとき、はっきり言いました。

「困りますよ。Tさん。なんか気持ち悪いっすよ、そういうのって。すごいダサいっすよ」

今だったら、もっと上手に釘を刺したでしょう。でも、その当時は25歳か26歳。「許せん、こいつ」という感じでした。そのあと案の定、私が店にいるときは来店しなくなりましたが、いないときを狙って来ていたようです。そういうお客さんもいるということは覚えておいたほうがいいでしょう。

スタッフに注意喚起していたのは、お酒を強要するお客さんです。酒が好きで強いスタッフなら、「おごるから、飲んで」と言われれば喜んで飲みます。あまり酒に強くないスタッフが問題で、がんばって飲むと、そのあと仕事ができなくなるだけでなく、だいたいトラブルに。

「飲むと仕事ができなくなるんで」とか「お酒は好きなんですが、あまり強くないんですよ」くらいで、笑って許してくれるお客さんばかりではありません。「なんだよ、オレの酒が飲めないのか」と不機嫌になる人もいます。

接客に自信がないスタッフだと、そうなることをおそれて飲んでしまう。嫌々やっているうちに心が折れてしまう子は少なくありません。だから、断る勇気をもって、そういうお客さんの上手なかわし方、できればおもしろおかしく断る言い方を意識するように指導しています。

「おっ!」と思わせるひねったギャグが一番ですが、それができないんだったら、聞こえないふりをして、話を変えて、また話しかけるとか。誰にでも共通する魔法の処方箋のようなものはありませんから、そこはそれぞれの持ち味で対処してもらうしかありません。

これまた、よくあるのがお客さん同士のケンカ。酒場の常です。これは止めるしかありません。引き離して帰らせる。このとき、大きな声を出すと興奮させるだけですから、静かな声で対処することが大切です。

ケンカした当人たちは、細かいことは覚えてないことが多くて、ほとんどの場合、次の日に謝りの電話を入れてきます。

「もう半端じゃないですよ、ひどすぎですよ」とひとしきり恐縮させておいて、「今日飲みに来てください」と言って水に流すのが、私のやり方です。そして、来店したらシャンパンを入れてもらう。

お金を払わないお客さんと、私がもめることもありました。酩酊して来店するお客さんは要注意です。

「お客さん、だいぶ酔ってますけど大丈夫ですか？　どれくらい飲みます？」

こう聞きながら、遠回しに「お金もってますよね」と問いかけるんですが、当然、「だいじょうぶ、だいじょうぶ」とか「金はあるよ」と答えます。安心してお酒を出すと、会計のときに1円もなかったりする。

「あれ、金ねえわ」

無銭飲食するつもりはなくて、酔っていくら使ったか覚えてない場合がほとんど。謝ってくれて、「明日もってくるよ」とでも言えば問題にはしません。ところが、なかには開き直る人もいるわけです。こうなると、もめるしかない。どう対処するかは相手次第のところがありますが、とにかく消耗します。

来店してくれたお客さんと、閉店後に飲みに行ったり食事をしたりすることを「アフター」といいます。

0号店時代、閉店は朝5時でした。アフターに誘われると断りきれず、そして、アフターにつきあったら、私の場合は「いつも飲みにきてくださってありがとうございます」と、会計をもつことがほとんどでした。売上の大半がこうして消えると、なんのために苦労しているのかわからなくなります。

そんなことが頻繁にあったため、移転して開いた1号店の閉店は朝8時までに変更しました。表立ってアフターを断れば角が立ちます。でも、朝8時の閉店なら、アフターに誘うお客さんは減るだろうと考えたからです。実際、1号店になってからアフターは激減しました。

お客さんにつきあって飲みながら夜通し働いて疲れ切った状態で、アフターに誘われれば、体力的にも金銭的にもかなりの負担です。自分が本当に楽しみたいと思うとき以外は断ってもいいと、スタッフには伝えています。安売りはしないという意味でもこれは大事で、たまにアフターにつきあうからこそ、お客さんも喜んでくれると思うのです。

最後にフードに関することも付け加えておきましょう。0号店時代、私は唐揚げやフィッシュアンドチップスなど、料理もいろいろ出していました。お客さんは喜びますが、手間暇がかかります。ハイボールを1杯注文してもらえば、つまみ1品と売上は同じです。

シンプルにビジネスとして考えれば、場を盛り上げてお酒をどんどん飲んでもらったほうが売上が立ちます。それがトークを売りにしようと考えた理由の一つでもありました。

お客さんがフードをご所望なら、近隣の居酒屋からデリバリーすればいいし、今ならウーバーイーツという手もあります。

私は接客マナーについて、基本的にうるさく言うつもりはありません。しっかりコミュニケーションを取って、相手のことをちゃんと知り、失礼のないように振る舞えればそれで十分。さらに、私の場合はフランクでフレンドリーなコミュニケーションを心がけてきました。

お客さんは会話を楽しめる相手を求めてバーに来るのだと思います。バーはエンターテイメントです。そして、ハプニング一つひとつにムキになっていたら、続けられない商売かなとも思います。なにしろ、酔っぱらって記憶を飛ばしたりする方たちを相手にするのですから、遊び心をもって自分も楽しむつもりで取り組んだほうが、よい運営ができるのではないでしょうか。

POINT5◀

◇バーの魅力は店とお客さんが一体となったコミュニティー。それをつくる工夫をしてほしい。
◇遊びでスタッフを口説いたり、連れ回してあることないこと吹き込むような、お客さんには毅然とした態度を示すべき。
◇閉店後のお客さんとのアフターはほどほどに。安売りしないほうが喜ばれることもある。
◇遊び心をもって自分も楽しむつもりで取り組んだほうが、バーの運営はうまくいく。

plan

飲食業と不動産業のつながりを知れば
テナント選びで失敗することはない

大家さんについても調べておいたほうがよい

1号店を開くとき、大家さんがたいへんクセのある方で、トラブルもありました。80歳くらいのおじいちゃんだったのですが、とにかく話が通じない。最初は店の外に出していた看板にクレームをつけられました。

「なんで勝手に路上に看板出してるんだ。看板代1万円払え」

飲食店が看板を出すのは当たり前、理不尽な要求です。ましてや1号店は地下の店ですから、路上に看板がないと死活問題。当時、お金がなかったこともあって、すぐに抗議したのですが、まったく話を聞いてくれない。そのうえ、実家と私の住所に内容証明が送られてきました。内容は契約解除宣告、要するに「出ていけ」ということです。

それを見た瞬間、絶対に話が通じない相手だと悟った私は、直接会いに行って平謝りに謝って、看板代を支払う約束をしました。ちゃんと賃貸契約を結んでいたのですから、法的に争えば勝てたでしょう。でも、そんなことにエネルギーを使いたくありませんでした。大家さんのご機嫌を取って、とりあえず契約を継続させる道を選んだわけです。

次にあったのが水回りのトラブル。借りたテナントはメンテナンスがされていませんでした。おそらくビル全体が放置状態だったと思います。排水管のクリーニングがされていなかったため、管が壊れて排水がフロアに逆流してくるのです。大家さんに修理を依頼しても面倒なことになるのは目に見えていましたから、私が費用を負担してすべて直しました。

というわけで、テナント選びの際は、できれば大家さんがどんな方なのか把握しておくことをおすすめします。そして、やはり水回りのチェックは重要です。

前の店について調べることが重要

テナント選びについて、少し踏み込んだ話をしておきましょう。

パート1で居抜き物件は初期費用がかからないことを説明しました。では、無条件に居抜き物件がよいかというと、そうではありません。カンのよい方はお気づきと思います。その場所に開いていた前のお店の経営がうまくいかず移転した、または廃業した可能性があるからです。

これは居抜き物件にかぎったことではありません。テナント選びをする際に大事なのは、前のお店が移転した、あるいは閉店した理由と、その場所で何年営業していたかということです。閉店した理由が経営不振で、前のお店が2年で潰れていたら、そのテナントの賃貸借契約は慎重に検討すべき。

①前のお店の経営者が経営下手だったのかもしれません。それが理由なら、繁盛するかどうかは経営者の腕次第で、テナントには問題がありません。

②繁華街で立地に問題がないように見えたとしても、集客に向かない理由があるのかもしれません。同じ繁華街のなかでも流行っているお店とそうではないお店は必ずあります。サービスの質の問題かというと、特に大きな違いはない場合もあり、「なにが悪いんだろう？」ということは少なくありません。お客さんの心理的な面、たとえば、「道が回りこんでいる場所で行くのがめんどくさい」「まわりの景観が嫌だ」「迷惑施設が近くにある」というようなことが集客に影響することもあります。

③それなりに集客が見込めても、賃料が高すぎて経営が成り立たないのかもしれません。賃料と料金のバランスを取ると料金が割高になって客足が遠のき、料金を抑えると、利益が出ないケースです。

こうしたことを知らずに闇雲にテナントの賃貸借契約を結ぶと、痛い目をみて、まず2年で潰れます。それを避けるためにやるべきことは、前のお店が閉店した理由と、何年営業していたかを調べること。

近隣で長年やっているスナックの経営者、町内会の会長、その繁華街の重鎮という人はどこにでもいます。腰を低くしてそういう人たちに近づき、情報を得るのが近道かもしれません。私はそのようにして情報収集をしました。

「あの物件ってどうなんですか？　前のお店は何年くらい続いたんですか？　扱っている不動産屋さんはどんな会社ですか」

「あそこの大家は◎◎さんだね。いい人だよ。前の店は10年くらい続いてたかな。地元の不動産会社で評判はいいよ」

こんなやりとりがあれば一安心。

「あそこのオーナー？　よくわかんないんだよね。前の店は2年くらいだったかな。その前もけっこう代わってるよ。不動産屋のいい話は聞かないねえ」

これほどはっきり教えてくれるかどうかは、わかりませんが、前の店がどれくらい続いたかくらいはわかるでしょう。「ころころ変わってるね」みたいなことを聞いたら、まずそこはやめるべき。少なくとも、「なにかある」と警戒したほうがいいでしょう。

私なら、居抜き物件の前のお店が2年で閉店していたら、条件がよく見えても絶対に借りません。

不動産業界の闇、サブリース物件

前項③の「それなりに集客が見込めても、賃料が高すぎて経営が成り立たないのかもしれない」問題について、詳しく解説します。このような物件は、不動産業界の闇の一つ「サブリース物件」かもしれません。サブリース物件とは、不動産会社が借り上げた物件を「又貸し」するものです。

Aさんというオーナーが一等地に優良物件をもっていたとします。その物件の賃貸借契約の仲介をB不動産に任せる。B不動産はテナントの広告を出して、借り主を募ります。その広告を見てCさんがテナントの賃貸借契約を結ぶ。所有者・貸主はAさん、仲介業者がB不動産、借り主がCさん。これがごくふつうの賃貸借契約の形態です。

B不動産がこの物件を利用して、もっと儲けたいと考えたとします。まず、オーナーのAさんとテナントの賃貸借契約①を結びます。所有者・貸主はAさん、借り主はB不動産です。そして、自らを貸主とするテナントの広告を出して、借り主を募り、その広告を見てCさんがテナントの賃貸借契約②を結ぶのがサブリース（又貸し）の形態。この場合、所有者はAさん、貸主はB不動産、借り主がCさんです。

なぜ、こうすると賃料が高くなるのか。まず、Aさんが希望している賃料に、B不動産の取り分となる賃料が上乗せされます。賃料が高くなりすぎて経営が成

サブリース物件の契約関係の一例

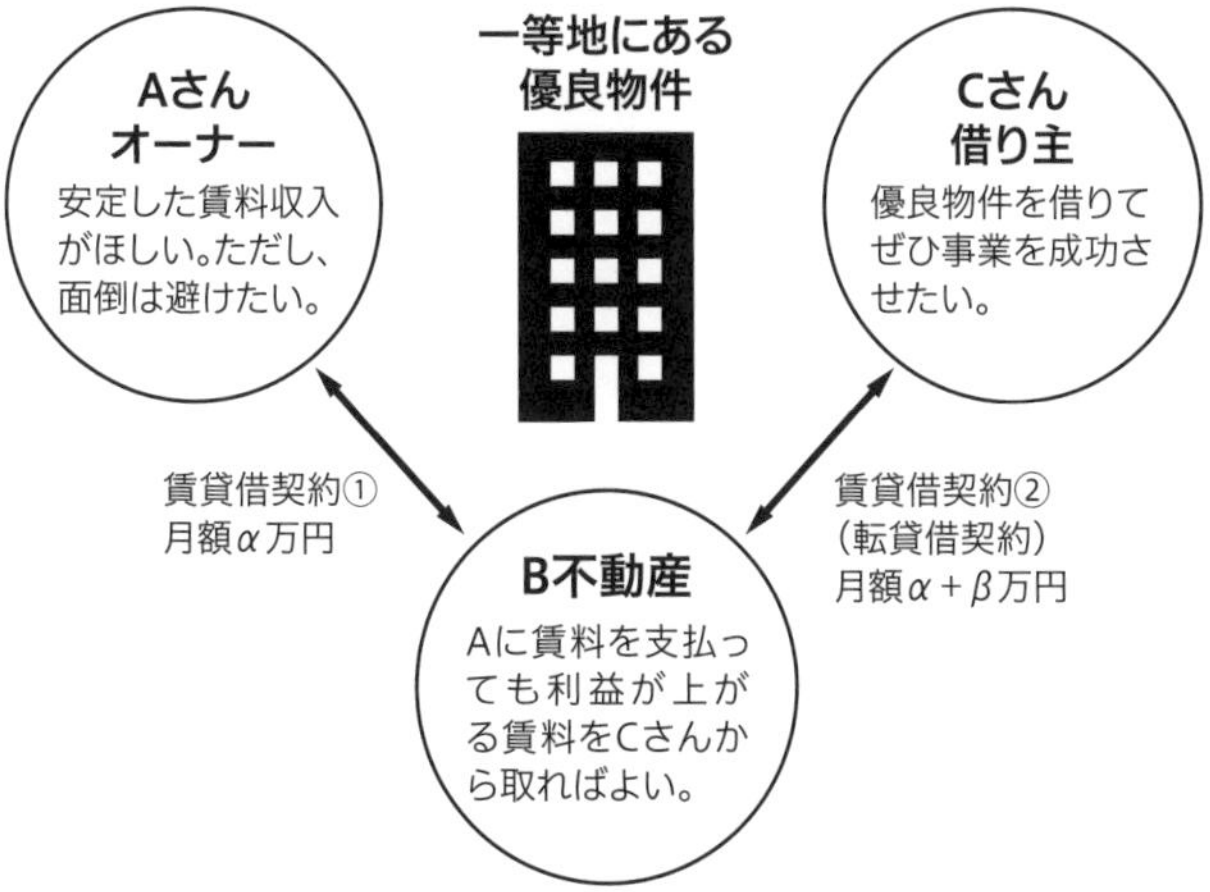
一等地にある
優良物件
Aさん
オーナー
安定した賃料収入がほしい。ただし、面倒は避けたい。
Cさん
借り主
優良物件を借りてぜひ事業を成功させたい。
賃貸借契約①
月額α万円
賃貸借契約②
（転貸借契約）
月額α＋β万円
B不動産
Aに賃料を支払っても利益が上がる賃料をCさんから取ればよい。

り立たず、Cさんが撤退。優良物件に惹かれてまた別の人が借りたがる。そうなれば、B不動産は新たに手数料が取れます。施工部門があれば内装工事費も取れる。この連鎖が続けばB不動産はどんどん儲かり、そのテナントに入ったお店は2年ごとに入れ替わることになるわけです。このカラクリを知らないと、絶対に痛い目にあいます。

このようなサブリース物件を避けるためには、まず貸主が誰であるのかしっかり把握すること。不動産会社が貸主だったら、要注意です。

ただし、不動産会社が別会社を仲介業者として立てて、自社が実質的な貸主であることがわからないようにすることもありますから、これは絶対的な判断基準にはなりません。

本気で調べるなら、登記簿謄本《とうほん》。テナントの所在地を管轄している法務局で登記簿謄本を取れば、誰が所有者なのか、金融機関の抵当権がついているのかいないのかなど、土地と建物に関する履歴情報のすべてを見ることができます。わざわざ法務局まで行かなくても、現在はオンラインで申請できるようになっていますから、登記簿謄本を取るハードルは高くないはずです。

少々、難しい話になりましたので、サブリース物件に関する考え方について簡単にまとめましょう。

①テナントを選ぶときは、扱っている不動産会社も調べるべき、サブリースで物件を貸している会社かもしれない。

②サブリース物件は賃料が高いことが多く、避けたほうが無難。
③サブリース物件の見分け方は、貸主に注目すること。不動産会社が貸主の場合は、サブリース物件であることが多い。
④登記簿謄本を取れば、土地と建物の所有者がわかるので、所有者自身が貸主なのか、さらに又貸しされているのか見当をつけることができる。
⑤サブリース物件であることがわかり、2年ごとに店が入れ替わっていたら、その物件は絶対に避けるべき。

必ずしも、サブリース物件が悪徳不動産の収入源とは限りません。優良物件だから自社で運用したいという不動産会社もあり、その場合は優良物件を押さえておいてくれたと見ることもできます。ただ、保証金が賃料の10ヶ月ほどに設定されていることが多く、ハードルはかなり高いのが現実。不動産会社としては、賃料を払って押さえておいた分、保証金で回収しようと考えるからですいずれにしても、サブリース物件はこれからバービジネスに乗り出そうとする方にとっては鬼門といえます。そもそも飲食の売上単価では賃料とのバランスが取れず失敗しがちなのです。

POINT6◀

◇大家との関係がバー経営の障害となることもある。大家がどういう人なのか調べておけばベター。
◇テナントを選ぶときには、前に入っていた店が閉店した理由や、その場所で何年営業していたのかを調べれば、思わぬ欠点の発見につながる。
◇サブリース物件は、悪徳不動産業者の収入源であることが多い。2年ごとに店が入れ替わっていたら、その物件は絶対に避けるべき。

Part.4

スタンド・バイ・ミー

SHOTBAR MAO2

「SHOTBAR MAO」で、紅白願掛けカクテルのイベントが行われた少し前に遡《さかのぼ》る。

2014年2月、マサオは株式会社MJSを設立した。バーを個人事業ではなく会社運営とすることにしたのだ。同じ年の9月、池袋西一番街に空きテナントが出たことを目ざとく知ったマサオは、早速、物件の確保に動き、首尾よく押さえた。目的はMAO2号店の出店。

この決断と行動の早さこそマサオ最大のもち味で、以後もスピーディーな事業展開に生かされることになる。その一方、それは思わぬトラブルを招く原因ともなっていくのだが……。

「小原、ちょっといい？　話があるんだ」

part.4

スタンド・バイ・ミー

客足が途絶えたのを見計らって、マサオはカウンターに立っていた小原に声をかけた。

「なんですか?」

小原はマサオが初めて雇ったアルバイトの1人だ。会社設立とともに社員になっていた。その当時22歳。

最初は口数が少なく、接客はぎこちなかったが、マサオを真似て少しずつ自分を出した会話ができるようになり、髪を赤く染めた韓流《はんりゅう》スターのような容貌と相まって、女性客獲得に一役買っていた。

「あのさあ、おまえ、今度出すMAO2の店長やってくんない」

「えっ、マジすか」

「うまく回してほしいんだよね」

「できるかな、オレに」

「できるできる。今やれてんだから。自信もてよ」

小原は少しだけ考え、すぐ返事をした。

「わかりました。やります」

「なんかあったら相談してくれればいいし」

マサオは成長した小原の手腕に期待をかけていた。

（よし、あとは広夢くんだな）

神輿

平日の昼下がり、起きがけでぼんやりとしていると、携帯電話に着信があった。マサオからだった。

（なんだろう。こんな時間にめずらしい）

不審に思いながら、電話に出た。

「広夢くん？　ちょっと話があるんだ。ご飯行こうよ」

「飯っすか？　飲みじゃなくて？」

「たまにはいいじゃない」

「もちろん、いいですよ」


自分の店を出すと決意してから、広夢は掛け持ちでアルバイトに精を出していた。バイト先は飲食店で、経験を積むために選んだバーもそのなかにあった。だが、主な目的は貯金。先立つものがなければ話にならない。開業資金を貯めようと懸命だったのだ。

そして時折、ＭＡＯを訪れては、バー開業に必要な知識をマサオから得る。マサオは嫌な顔ひとつせず相談に乗ってくれた。一方のマサオはＭＡＯの運営を成功させて会社を設立し、ほかにもなにか計画しているようだった。

広夢の目標はそのマサオ。

（どこまで先へ行くんだ、あの人は。全然追いつかねえよ）

マサオの成功を喜びながらも、体の内側をこがすような焦りも感じる。

（食事？　今までそんなことなかったよな。ホントなんだろう）


指定されたイタリアンの店に行くと、マサオはすでに来て待っていた。

「なに食べる？　広夢くん」

「日替わりパスタにします」

「じゃあ。オレもそれ。ワイン飲もうよ」

つまみになりそうなサイドメニューも頼み、結局、酒になった。よく冷えた白ワインで喉を潤すと、明け方までアルバイト先で客につきあって飲んだ二日酔いの体に染み渡る。立て続けに2、3杯飲むと、昼間ということもあり、少しずつ酔いがまわってきた。

しばらく会社の近況を話していたマサオが、前置きもそこそこに切り出した。

「広夢くん、店出したいって言ってるじゃん。1回さ、うち来ない？　オレさあ、2号店を出そうと思ってて。そっちにスタッフ送るから、よかったら、MAOでやってみない？」

「えっ？　ええっ！」

突然のことに広夢は続く言葉が出ない。

「広夢くんが自分でお店やりたいって言ってるのはわかってるし、誰かの下につくとか、そういう人間じゃないのも重々承知なんだけど……。オレのこと、1回利用しろよ」

「……」

「それでさ。広夢くんが独立したら、そのときはMAOのお客さん、全員もってっていいし、それで「いくらよこせ」なんて、だせえこと言わないから。一緒にやってみようよ」

広夢は下を向き、フォークの先でパスタをつつき回した。

（やべえ。刺さった。ここまで言ってくれる人いるか？）

広夢が顔を上げると、マサオが真正面から無言で見つめている。

（オレ……。店を出したかったのは、あんたと同じ目線に立ちたかったからなんですよ。同じ目線に立って、なにが見えるか知りたかった。そして、対等の立場で遊びたかったからですよ）

その思いは胸にしまい、ワインの酔いに押されて言った。

「わかりました。そこまで言ってくれるなら、オレ、マオさんの神輿担ぎますよ」

池袋西一番街の空きテナントを押さえてから、わずか3ヶ月後の12月、マサオは「SHOTBAR MAO2」（MAO2号店）を開業した。

MAO2も地下の店で、カウンター席数は12。広さはMAO1の1・5倍、席数は倍あり、より駅に近いという利点がある。MAO1が黒を基調としたディープな感じの内装であるのに対し、MAO2は白をベースに明るさを演出した。マサオが小原を抜擢したのは、若い店長が切り回す若々しいショットバーというイメージを狙っていたこともある。

新規開店した店を任された小原は、最初は戸惑いながらも、期待に違わぬ手腕を発揮しはじめ、必要ならテコ入れしよう思っていたマサオを安心させた。

「若いアルバイトの子をどんどん入れるから、どれくらい必要か、現場感覚で見積もっておいて」

ＭＡＯ１から流れる客もあり、マサオの目論見どおり若い層の集客も順調で、開店当初からＭＡＯ２の経営は安定した。小原は10人以上に増えたアルバイトのシフトに四苦八苦していたが、心配するほどのこともなかった。

一方、ＭＡＯ１は広夢を中心に回りだした。広夢はこれまで客として見てきたマサオのやり方をあっという間に身につけていく。常連客とは顔なじみのうえ、頭の回転が速く、そつなく接客をこなす広夢のようすを見て、マサオはあらためて感心していた。

（いずれ広夢くんに店長やってもらうつもりだったけど、その日は想像してたよりも早くくるな）

SHOTBAR MAO ANNEX

マサオはＭＡＯ１を広夢に引き継ぐために、ＭＡＯ１のカウンターに立ちつつ、時折、ＭＡＯ２にも顔を出していた。

「昼飲みもできるように、昼間の営業もはじめようと思うんですが。社長、どう思いますか？」

「そうしたほうがいいと思うんならやってみて。ダメだったら元に戻せばいいだけだしさ。ただ、そうなると、もっと人がいるよね？　シフト管理はしっかりやってよ」

ＭＡＯ２は右肩上がりで売上を伸ばしていた。「昼飲みができるといいね」という客の要望は少なくなかったらしい。営業時間を変更して、昼営業をはじめるためにアルバイトを雇うと、MAO1とMAO2を併せて20人から30人の人員が必要になった。

MAO1をはじめた頃、アルバイトを雇うどころか、製氷機すら買う金がなく、マサオはコンビニで氷を買って営業していたのだ。それが2年半前。驚くべき急展開だったが、マサオはそこに留まっているつもりはなかった。

マサオが次に目をつけたのは、新宿の空きテナントだった。歌舞伎町セントラル通りにあり立地条件は申し分なく、賃借料も適正価。うかうかしていれば、あっという間に押さえられてしまう。マサオは電光石火でその物件も押さえた。

といって、新規開店するための人員の当てがあったわけではない。

(優良物件さえ押さえておけば、あとはなんとでもなる)

これまでの経験から、そう結論を出したのだ。

（さて、どうしよう）

飲食店経験のあるフリーターやアルバイトを雇えばいいとして、店のマネージメントをする店長候補がいない。新たに求人するとしても、信頼できる人材がすぐに雇えるとは思えなかった。

マサオは悩んだ末に、同郷の親友に相談してみることにした。秋元は渋谷でセクシー系キャバクラの店長をしていた

「おお、ひさしぶり。ショットバーの店長？　だったら、いいやついるよ。オレの下でやってる浜口ってやつ。会ってみるか？」

紹介された浜口は、なんとなくニヒルな雰囲気を漂わせ、女子ウケしそうな背の高いイケメン。セクキャバのマネージメントをしていたというだけあって、独特のオーラのようなものと清潔感があった。なによりも、マサオが信頼する秋元の推薦である。

（決まりだね）

ＭＡＯ２の開店から1年も経っていない２０１５年9月、新宿歌舞伎町にＭＡＯ３号店が誕生した。「別館」を意味するアネックスを付した「ＳＨＯＴＢＡＲ ＭＡＯ ＡＮＮＥＸ」。カウンター席数15は系列店のなかで最も多い。

（やっとここまできたか）

ようやくひと息つけた感じがした。

リベンジ

ＭＡＯ１の店長は広夢が引き継ぎ、ＭＡＯ２はマサオが育てた小原がうまく回している。ＭＡＯ ＡＮＮＥＸは親友の秋元から紹介された浜口が面倒をみて、軌道に乗ってきた。30歳になったこの頃から、マサオはあまり現場に出なくなった。信頼できる仲間が店をやりくりしているという安心感もあったが、次の事業展開を模索していたのだ。

マサオはバービジネスと切っても切れない関係にある不動産事業に乗り出そうとしていた。マサオにとって不動産業は、自身のキャリアを築く基礎となった業種である一方、そこで成功をおさめられなかったこともあり、事業を成功させて見返したいという思いを募らせる対象だったのだ。

ある日、1通の通知がマサオのもとに届いた。

（来た！　亡くなった人には悪いが、このチャンスは最大限活用させてもらう）

ＭＡＯ１を営業しているビルのオーナーが亡くなったという。ＭＡＯ１をオープンしたあと、看板にクレームをつけて退去を迫った老人である。水回りの不具合すら自費で改修せざるをえなくなり、その後も費用を投じて設備の維持改修をしていたマサオにとって、その通知はチャンスの到来を意味した。

（このビルはオレが絶対買う）

通知が届いた次の日、ビルの権利を老人から相続した娘に、マサオはクレームを入れた。

part.4

スタンド・バイ・ミー

「事情を知らない娘さんに、いきなり言って申しわけないんですが、これまで大家さんには水回りを直してほしいと言ってきたんですよ。でも、まったく聞いてもらえなかった。本来、オーナーの責任ですよね。何回、排水槽を直せばいいんですか？　相続したばかりでたいへんだと思うから、うちで直しますけどね」

そのように、これまでの鬱憤を何回か吐き出すと、相続人の女性は精神的に追い詰められたのだろう。交渉相手はその夫に代わった。マサオはその人物にもビルがどれほどひどい状況なのか伝え続け、けれども、マサオのクレームは善意に基づくものであることを必ず付け加えた。

「うちが移転することはありえないので、一緒に直してやっていきましょう」

ビルを相続した夫婦にしてみれば、丁寧に言われようがクレームはクレーム。毎年、固定資産税もかかる。

「こんなビル、たいへんでしょう。うちが買いましょうか？　そうしたら当然、不具合はうちで直しますから」

ここが頃合いとみたマサオがそう告げると、嫌気がさしていた相手は渡りに船と、簡単に売却に応じた。それまでかかった修繕費を割り引かせ、相場より安い金額まで叩いて、マサオはビルを買い取った。建物の価値はないに等しい。商用地の地上権が重要だったのだ。

不動産業界の酸《す》いも甘いも嚙み分けたマサオは、ゆっくり時間をかけて思い通りの結果に導き、不動産売買契約が成立した頃には、かつて自身が所属していた不動産会社が入っていたビルにオフィスを構え、株式会社六川不動産を設立していた。

居酒屋

「居酒屋？　うちはバーの会社だよ。ノウハウないし」

マサオは居酒屋には、まったく興味がなかった。客を盛り上げて、コミュニケーションを図り、場を共有するスタイルのバーで売ってきたのだから、それは当然で、料理を売りにする居酒屋は、酒を提供するという共通点はあっても、根本的に業態が違うことはわかっている。

「でも、バーだけじゃ限界がありますよ。これからもうちが伸びていこうと思ったら、居酒屋はチャンスだと思うんすよ。それに居酒屋からバーにお客さんを引っ張ることもできますよ」

熱心に主張する小原の提案に乗ったのは、居酒屋からバーへの導線に魅力を感じたからだ。酒を楽しもうという人でも最初からバーにくることは少ない。どこかで食事をしながら酒を飲み、「もう少し飲もう」とバーにやってくる。居酒屋が系列にあれば、居酒屋からバーへの導線を描くことができるかもしれない。そこに投資する価値はあると、マサオは思った。

「オレは居酒屋はできないよ。全部できるか？　仕入れからマネージメントまで全部。管理して売上を立てられるなら、おまえに任せるよ」

ずっとバーの現場に入って盛り上げてきてくれた小原の提案を無下《むげ》にしたくないという気持ちと、たしかに居酒屋がうまくいけば、売上が爆増するだろうという期待がそう言わせた。

「できます、大丈夫です！　任せてください」

それからがたいへんだった。バーと違って居酒屋は、厨房などの設備と広さが必要で初期投資が多額になる。

まず目星をつけた東池袋にテナントを借りるために700万円、ビルの構造体がむき出しになったスケルトンの状態から店の体裁を整える内装費に1000万円。マサオはバー事業の利益をつぎこみ、さらに金をかき集めて、居酒屋を開いた。信用力の低い個人事業主だったら、賃貸契約を結ぶことすらできなかっただろう。

こうして2018年2月、「呑み処 優男《まお》はなれ」は、池袋駅から徒歩3分の雑居ビルにオープンした。地下1階と地下2階の2フロアで、40席以上の堂々たる店だった。

小原はほかの居酒屋から知り合いの店長を引き抜き、その店長の伝手《つて》でさらに料理長も引き抜いて、「優男はなれ」のスタッフにすえた。マサオの期待に応えようと必死だったに違いない。

マサオは小原を部長職に就けて居酒屋事業の責任者とし、池袋のバー2店舗のマネージメントを広夢に任せることにした。六川マサオを中心に、小原勇斗、遠藤広夢、浜口亮の3人がサポートする、若く勢いのある株式会社MJSの前途は洋々としているように見えた。

skill

地域に密着した店にする
バーの売上を立てる

地域密着の成功法則——町内会の協力をとりつける

ＭＡＯ2を出店する際、私は池袋の一等地に空きテナントが出たその日に管理会社に電話をし、申し込みを入れました。このとき、かかる費用の確認すらしていません。とにかく優良物件を押さえることがバービジネスの成否を左右するからです。これはバービジネスに限らず、店舗運営に共通することだと思います。

私が申し込んだ段階で、すでに申し込みが4件入っていました。管理会社とつながりのある飲食店経営者が情報を聞きつけ、押さえにかかっていたのです。どんな会社が申し込みしているのか、それとなく聞き出すと、キャバクラの待機所、闇カジノ、ガールズバーを開きたい業者だとのこと。

私は「これはまだチャンスがあるかもしれない」と考え、その管理会社とつきあいのあるバーへ相談に行きました。池袋の町内会長のお店です。そして、お店に通い続けてバービジネスにかける思いや夢を語り続けました。その結果、町内会の全面的な協力が得られて管理会社に口を聞いてもらい、審査を通してもらうことができたのです。

小さなバーの店主が無為無策でぶつかったところで、借りられない物件だったと思います。競争相手が風俗営業やアングラビジネスだったこともラッキーでした。新しい店ができるなら、健全な店が望ましいと思うのが普通だからです。

熱意をもってお願いしたことで街の人たちを味方にすることができました。こうした着眼点をもって、行動することもバービジネスを成功させる要因の一つだと思います。

私はスピードと行動が未来を変えると考え、ずっと行動してきました。新宿にＭＡＯ ＡＮＮＥＸを開いたテナントも、スピーディな決断と行動がなければ借りることはできなかったと思います。

バービジネスのお金の管理

私のような素人がバービジネスで成功できたのは、ビジネスの枠組みがきわめてシンプルだからだと思います。お金の出入りに着目すると、収入はお客さん1人当たりの単価（客単価）×人数、支出で大きなものは、まずスタッフの人件費、テナントの賃料があり、お酒の仕入れ代、水道光熱費、そして諸経費くらいのものので、家計簿のような感覚で帳簿をつければ収支計算ができてしまいます。

本来、表に出すものではありませんが、我社直営のバー2店の「損益計算書」を以下に掲載します。バー経営に興味のある方は、ぜひ参考になさってください。

SHOTBAR MAO　池袋　月平均

客数	625 人
客単価	4,000 円
純売上高	2,500,000 円
変動費	375,000 円
仕入れ原価（10%）	250,000 円
決済手数料（5%）	125,000 円
粗利益（限界利益）	2,125,000 円
固定費	1,145,000 円
人件費 4 名（25%）	625,000 円
法定福利費	50,000 円
交通費	10,000 円
地代家賃	200,000 円
保険料	10,000 円
水光熱費	100,000 円
通信使用料	100,000 円
諸経費	50,000 円
営業利益	980,000 円
償却前営業利益	980,000 円
営業利益率	39.20%
償却前営業利益率	39.20%

SHOTBAR MAO2　池袋　月平均

客数	1,000 人
客単価	4,000 円
純売上高	4,000,000 円
変動費	600,000 円
仕入れ原価（10%）	400,000 円
決済手数料（5%）	200,000 円
粗利益（限界利益）	3,400,000 円
固定費	1,700,000 円
人件費 6 名（25%）	1,000,000 円
法定福利費	100,000 円
交通費	40,000 円
地代家賃	250,000 円
保険料	10,000 円
水光熱費	100,000 円
通信使用料	100,000 円
諸経費	100,000 円
営業利益	1,700,000 円
償却前営業利益	1,700,000 円
営業利益率	42.50%
償却前営業利益率	42.50%

そして、バービジネスを継続させていくために必要なことは、とにかく集客して売上を立てること。人件費や経費をいくら削減しても、お客さんを呼び込めなければムダで、私の場合は次の項目で解説していることを心がけて、お客さんに働きかけてきました。

1日15万円を売り上げる方法

ラーメン店など回転の速い飲食店と違って、バーに来店するお客さんが1日に100人を超えることなどありません。30人も来店してもらえば万々歳。立地や店の雰囲気に左右されますが、1日15万円の売上は、客単価5000円を30人達成できれば可能な数字です。これを偶然に頼るのではなく、店側の努力で達成できるようになれば、バービジネスは成功します。

以下、私のやり方の一例を紹介しましょう。

たとえば、客単価3000円くらいのお客さんが1人だけいたとします。お客さんが帰ろうとする気配があっても、できるだけ長い時間遊んでもらうのが第1段階。ここは腕の見せどころでお客さんが好みそうな話題で盛り上げ、1杯サービスしてもいいでしょう。ガラガラの店は入りにくいものですから、カウンター1席が埋まっている状況をつくっておくのがポイント。

成功したら、そのお客さんが好んだ話題につながる常連さんに「来ない？」と声をかけます。はじめのお客さんと常連さんが意気投合してくれれば、雰囲気が出てきます。そこに女性のお客さんが来たら、目標額が見えてきます。

カラオケやダーツなどのゲームをすすめ、ショットで盛り上がります。そのなかで誰かのお祝いにつながりそうな話題が見つかったらしめたもの。すかさずシャンパンをすすめましょう。男性は女性にケチと思われたくないものです。シャンパンを開ければさらに盛り上がります。こうやってお客さんがお客さんを呼ぶ状態になれば、15万円の売上も夢ではありません。

結局、重要なのは、店主あるいはスタッフのテンションであり、人としての魅力。当たり前のことのようですが、ここがバーの本質であり、一番難しいところでもあります。常にスタッフがテンションを上げて仕事をするのは簡単なことではありません。「ここぞ」というときに力を発揮できるようにしたいものです。

イベントを活用し、お客さんの人脈を次につなぐ

我社では毎年、夏にはバーベキュー、年末には忘年会をグループ全体で行っています。このイベントがお客さんとスタッフの信頼関係をより強くするのです。ここまで紹介してきたように、私は通常のバー運営においても、お客さんに楽しんでもらえるイベント企画に頭をしぼってきました。イベントは特に凝ったものである必要はありません。一緒にいたら楽しい誰かと、場を共有することに意義があるのだと思います。

バーがお客さんとお客さんをつなげることができたら理想的。私はお客さんから相談を受けると、相談をもちかけてきた人の役に立つ情報をもっているお客さんを紹介するようにしてきました。そうして知り合ったお客さん同士が連れ立って店に来てくれると、バーをやってきてよかったと思えるものです。

POINT7 ◀

◇地域と密着して味方につけることで、バーの経営はうまくいくことが多い。
◇お客さんがお客さんを呼ぶように演出することができれば、不可能に思える1日15万円の売上も達成できる。
◇イベントでお客さんとの関係を密接にすることも、お客さんの人脈をつなげることもできる。

Part.5

裏切り、
再生への誓い

破綻と救いの手

「あのさ、なんでこんなに人がいるの。意味なくない？」

「意味あります。大丈夫です」

居酒屋事業をはじめた当初、赤字は仕方がないとマサオは思っていた。だが、3ヶ月が過ぎ、半年が過ぎても改善されない。小原の報告に納得できないマサオが、人員配置について疑念をはさんだのは当然で、40席の居酒屋で社員とアルバイトを併せて50人が働いていたのだ。もちろん、50人が常時いるわけではなく、シフトで入れ替わる。常に店にいたのは10人ほどだったのだが、それでも納得できるわけはない。赤字だったのだから。

マサオが不満を言っても、小原は「大丈夫です。任せてください」と繰り返すばかりで、そうなると、「任せると言った以上しょうがない」と引き下がった。

「呑み処 優男はなれ」をオープンした10ヶ月後、ＭＡＯ１の隣のビルに次の居酒屋を開いたのは、小原にチャンスを与える意味もあったが、そのビルを買い取るという明確な目標があり、その前段としてテナントを借りることに意味があったからだ。池袋東口の「呑み処 優男はなれ」と西口の「呑み処 優男本館」のマネージメントを小原に任せたものの、売上を期待したわけではなかった。だから、1年間は我慢した。だが、限界だった。

「一体、どうなってんの？ オレが現場に入るよ」

結局、経営状態の改善はみられず、マサオ自身が内情を検証するために現場に入ることを宣言すると、もはや小原はそれを拒むことができなかった。

現場に入ったマサオは、これが自社の飲食店と信じられなかった。床は油でベタベタし、掃除がゆきとどいていないことは一目瞭然。キッチンに回れば、厨房中にフライヤーの油がこびりついている。この店の料理を食べたくないと思っても無理はない。

「これで唐揚げ出してんの？」

マサオがスタッフを指導しなおすそうとすると、みんなやりづらそうにして、雰囲気は悪くなった。

「おまえ、責任者としてなにやってきたの？」

小原は黙るばかりで一言もない。

「もう、おまえは居酒屋から離れよう。とりあえず、バーだけみてくれ」

ＭＡＯ２に戻す配置換えだけで済ませたのは、ここまで会社を支えてくれた小原への温情であり、小原を信用し現場すら視察しなかったマサオ自身の甘さへの反省もあったからだった。

（もう居酒屋はあきらめるか）

一度は閉店もやむなしと覚悟を決めた。だが、必死で資金を集めて開いた店はマサオにとって愛おしい子どものようなもの。残せるものなら残したいのが本音で、踏ん切りはつかなかった。

（居酒屋がやりたかったわけでもないのに、なんで［負けゲー］で負債をつくらなければならないんだ？　もう閉めよう。いや、ダメだ。でも、オレは居酒屋をやりたくない……）

結論の出ない堂々めぐりの果てに、ようやくヒントが思い浮かんだ。

（そうだ。古橋さんに相談してみよう）

古橋は、マサオが移転してＭＡＯ１を開いた頃、フラッと立ち寄ってくれた客の１人で、池袋にある居酒屋の社員だった。池袋が好きで、居酒屋の運営に情熱をかけて取り組んでいて、店の後輩を連れて何度も飲みにきてくれた。バーにかける思いでは負けないマサオと意気投合し、バーの店主と客という関係を超えた交流がはじまって、お互いの店を行き来しては朝まで飲んでベロンベロンに酔っ払ったものだった。

そこまで親しい間柄になった古橋だったが、勤めていた居酒屋チェーンが郊外に新規出店することになり、店長に抜擢されて池袋を去ってしまった。

「ああ、池袋終わったわ」

古橋が配属替えの挨拶に、ＭＡＯに来てくれたとき、マサオは古橋と差し向かいで閉店まで飲み倒し、フラフラになりながらそう嘆いたことを覚えている。

マサオが電話をかけると、古橋はすかさず出た。

「どうも。おひさしぶりっす。お元気ですか？」

エネルギッシュなその声を聞き、元気を分けてもらったような気がして、マサオもつい大声になる。

「古ちゃんこそ元気だった？　こっちはあんまり元気なくってさ、ハハハ」

「ハハハって元気じゃないすか。でも、なんかあったんすか？」

事の次第を仔細に話すと、古橋は大きな声で「ふん、ふん。それで？」と威勢のいい相槌を打つので、あまり湿っぽくならずに助かった。

「古ちゃんは独立する気ないの？」

「考えてますよ。でも、婚約したんすよ。生活を安定させないとやばいし、忙しかったり、悩んでるんすよね。ハッハッハ」

「店を見に、池袋に来ない？」

「1回、見てみたいですね」

数日後、古橋は池袋を訪れると、両店舗を視察してチャレンジしたいと言ってくれた。一度は失敗した店だ。マサオは全面的なバックアップを約束し、とりあえず、西口店の面倒をみてもらうことにした。婚約者と一緒に池袋に引っ越してもらうために、新しい住居もマサオが手配した。

古橋が店長として西口店に入ると、効果はすぐに現れた。活気が出はじめ、1ヶ月も経たないうちに、にぎわうようになったのだ。

（古ちゃんはすごいな。やっぱり飲食店は人だな）

残る問題は東口の「優男はなれ」だった。

発覚した裏切り

小原を居酒屋事業からはずしたマサオは、不動産事業をなかば休業状態にして自ら「優男はなれ」のマネージメントにタッチすることにした。表向きは、マネージャーでも店長でもなく、「アルバイトの田中くん」。

最初に手をつけたのはスタッフの削減だった。恨まれるのを覚悟して削りに削り、常時フロアにいるのは2、3人。厨房は料理長と「田中くん」の2人が中心になって回した。

料理長は職人気質《かたぎ》と言えば聞こえはいいが、クセの強い人物で、すぐ不満を表情に出すので、「田中くん」がニコニコと従業員とのあいだをとりもたないと雰囲気が険悪になりかねず、終業後、慰労の酒席ともなると、「こっちは考えがあってやってんだ。おまえら、うるせえぞ」とフラストレーションをぶちまけるのをなだめなければならなかった。

マサオは現場に入ってから2ヶ月で、ある疑念を抱いた。改善したとはいえ、店のサービスが格段によくなったわけでもないのに、小原時代と比較にならないほど数字がよくなったのはなぜか。

「まさか、ウソだろ」

小原を信じたいマサオの気持ちをせせら笑うように、次々と証拠が見つかり、聞きたくもない証言を耳にした。小原は売上の一部を抜き、仕入れの酒屋からバックマージンを取っていた。

店には仕入れ値の高いウィスキーが大量にストックされていた。高い酒を仕入れ、謝礼としてバックさせていたことがわかると、マサオはその酒がなくなるまで仕入れを止めて、それだけを店に出して売り切った。

半年、マサオは居酒屋に立ち続けた。

「オレ、なんで唐揚げを揚げてんの？　ふざけんじゃねえ！」

時折、小原への怒りがこみ上げてくると、自らを戒めた。

（自分が投資してやったことだし、信じてしまったオレも悪い）

ある日、ＭＡＯ２に戻った小原から、営業中に電話があった。

「お客さん、居酒屋に連れてっていいですか？」

小原なりの償いの気持ちの表明なのだろうと、マサオは察したが、怒りを抑えられなかった。

「来るな、おまえは東に。バーだけやってろ！」

それでも、マサオは小原を馘首《くび》にしなかった。業務上横領で告発しようと思えばできたが、しなかった。

（オレが入って立て直せればそれでいい。バーでがんばって収益を上げてくれれば、マイナス分は相殺《そうさい》されて、また前に進めるはずだよな）

だが結局、挽回するチャンスを与えようとしたマサオの気持ちは、小原には届かなかった。届いていたのかもしれないが、逆境に耐え、跳ね返す力は小原にはなかった。君臨しようとした居酒屋を追われ、バーに戻ったあと、店を訪れた客から、「あれ？　居酒屋どうなったの？」と何度か言われたらしい。小原にすれば、傷口に塩を擦り込まれるようなもので、いたたまれなかったのだろう。

マサオは馴染客を招き、アルバイトも含めたスタッフ全員が出席する忘年会を大切にしていた。出席者は多いときには１００人にもなる。裏切りが発覚した２０１９年、社を挙げた忘年会に、元「優男はなれ」のスタッフは来なかった。

忘年会の前日、ＭＡＯ２の２日分の売上が消えるという事件があり、マサオと小原のあいだでひと悶着あったことが直接の原因だったようだ。

「消えたお金、どうなったの？　どこいったかわかった？」

「ボクはちゃんと管理して、社長にお渡ししたはずです」

「いや、受け取ってないよ。ちゃんとしてくれないと困るよ。それは責任者としておかしいよ。ないのが事実だから」

小原は居酒屋の一件をマサオが把握していないと思っていたのかもしれない。あくまでも知らぬ存ぜぬで通したが、マサオには「またか、こいつ」という思いがあった。そして、小原は忘年会には出席せず、当日、広夢に捨てゼリフを残して、逃げるように会社を去った。

「社長はオレを信頼してくれない。もうやっていけない。辞めるよ」

「いやいや、待てよ。急に辞めるってなんだよ。社長は上で飲んでるよ。直接言えよ。ここまで一緒にやってきて、それはないだろ」

「社長には言えない。言うこともないし。じゃあ、広夢くんはがんばって」

この年、プライベートでショックな出来事があり、さらに国税局の査察が入って脱税の疑いをかけられ、心身ともに疲弊《ひへい》しきっていたマサオは、これがとどめとばかりに心を折られそうになった。信頼してきた部下、というよりも仲間に裏切られ、「優男はなれ」を立てなおす意義すら見いだせない。古橋の助けがなかったら、「優男はなれ」をつぶしてしまっていただろう。

古橋は仲間を集めて、西口の居酒屋を完全に軌道に乗せていた。小原一派が運営していたときは、月額1000万円程度だった売上を倍増させたかと思ったのは束の間、とうとう10倍の1000万円にまで伸ばしたのだ。

（小原の件では散々だったけど、不動産を見る目に狂いはなかった）

西口の居酒屋は、マサオが試行錯誤していたフランチャイズ制のモデルケースのひとつになった。最初、マサオは株式会社MJSが経営する居酒屋に古橋を店長として迎えた。だが、経営には口をはさまない。経営が軌道に乗った時点で、居酒屋の経営権を古橋へ売却。この時点で古橋は居酒屋オーナーとなる。その後は月々一定のロイヤリティーを払ってもらう。のれん分けのような枠組みだった。

マサオが東口の居酒屋のワンフロアをフランチャイズ制でやってほしいと打診すると、古橋は二つ返事で引き受けてくれた。こちらは主力店の西口のようにはいかなかったが、それでも月額150万円程度だった売上は倍増した。

これでようやくマサオの肩の荷が下りた。居酒屋を開業した際の負債は、まだ残っていたが、それはこの先挽回していけばいい。マサオはバービジネスでフランチャイズ制を本格的に展開したいと考えていた。

また発覚した裏切り

マサオが右腕と期待し、部長という立場に置いていた小原が去り、マサオの心中を思うと広夢は心が痛んだ。幹部社員として残ったのは、広夢のほかに新宿のMAO ANNEX店長の浜口。新宿店の売上は順調で、部下からの信頼も厚いようだ。マサオを気づかっていたのは浜口も同様だったらしい。

「社長、オレが飲食事業をまとめますよ」

居酒屋の一件があって、不動産事業を放置して対処せざるをえなかったマサオは、不動産事業の立て直しに力を注がなければならなかったこともあり、この言葉を信じた。現場を大事にする広夢は、飲食事業のまとめ役としては、ドライに言うべきことを言う浜口のほうが自分より適任だと考えた。浜口が飲食事業を統括する体制はこうしてできあがった。

浜口はもともと、現場には基本的に出ないことを広言していた。

「こうやろうっていう指示は全部出すから、現場はおまえらが全部回すんだよ。熱いお客さんがいたら、そのときだけは行って、爆発的に売上つくるから」

自身が店長として現場に立ち、スタッフと一緒にやるスタンスの広夢は、そんな新宿での浜口のやり方を知って、(それでうまくいくのか)と冷静にみていたが、不動産事業で忙しかったマサオは、開店以来ほとんどノータッチで、MAO ANNEXを浜口に任せきりにしていた。

「ボクが飲食は全部見ますから、社長はもうかかわらないでくださいよ」

専務取締役となった浜口にそう言われ、マサオは好意的に受け取ってバー事業にまったくかかわることがなくなった。

（なんか、おかしいな）

広夢は居心地の悪さを感じていた。浜口が飲食事業の統括となってから、広夢がマサオに報告や相談をしようとすると、浜口が必ずあいだに入ろうとするのだ。

「それはオレが社長に言っとくから」

「社長は不動産で忙しいから、オレがようすをみて話すよ」

そういうものかなと思う一方で、これまで密にやりとりしていた関係を分断されているような気もする。浜口が中心になってから、マサオからの連絡はほとんどない。では、浜口が広夢の相談に乗るかというと、それもない。

あるとき、ＭＡＯ１でトラブルがあった。スタッフ同士のいざこざで、そのこと自体はたいしたことではなかったが、現場をスムーズに回すために配置転換も考えたほうがいいと広夢は思い、浜口に相談した。

「専務、どうしたらいいかな？」

「いや、広夢くんが店長なんだから、なんで自分で解決しないわけ？」

そう突き放され、以後、現場のトラブルはすべて広夢がみるようになった。酒を扱うバーのスタッフの多くは、アルバイトであれ社員であれ、みんな若いだけにあまり我慢がきかない。メンタルケアが重要で、客やスタッフ同士の不平不満を「たいへんだよね。わかるよ、わかる」と聞く誰かが必要なのだ。

それが店長の仕事のうちであることは、当然、広夢はよくわかっている。だが、飲食事業全体で対策を講じることもできるはずだし、マネージメントは浜口の仕事のはずだ。そのうえ、浜口から飲食事業全体にかかわる提案やアプローチがあるかといえば、なにもないのだ。

(現場に出るわけでもないし、あいつは一体なにをやってるんだ?)

浜口に飲食事業を任せて、マサオは不動産事業の立て直しに集中していたが、やはり心血を注いできた飲食事業は気になる。

「浜口、飲食事業は最近どう? なにか問題ない?」

「いやいや、大丈夫ですよ。社長は不動産に集中してください」

「広夢くんから、最近連絡ないけど、たいへんなのかな？」

質問されると少し考え、一拍おいて口を開くのが浜口のクセで、それが彼を思慮深げに見せていた。

「まあ、まあ……。広夢くんとはいつも一緒に動いてますから、大丈夫ですよ」

妙にはぐらかすような言い方が気になる。問い詰めるほどのこともないと思う一方で、なんとなく違和感があった。

浜口はもともと自分がやっていることを話さないタイプだった。質問すると、はぐらかすが、結果はしっかり出してきたことから、マサオは浜口に一定の信頼はおいていたのだ。

（いつものことで、こうやってはぐらかしておいて、会社のためを考えて、動いてくれているんだろう）

「がんばってくれてんだよね。飲食を頼むよ」

マサオはそう言いながらも、違和感をぬぐいきれなかった。

「専務、ちょっと相談あるんだけど、今日なにしてるの？」

「いや、ちょっと忙しくて」

「じゃ、電話できる？」

「あ、ラインの文章でちょうだい」

そんなやりとりが1年も繰り返され、広夢はもう浜口を信頼できなくなっていた。忙しいふりをして、どこでなにをやっているのかもわからない。

マサオはマサオで、浜口の愚痴に辟易《へきえき》としていた。

「現場の子がしょうもないことを相談してくる」

「辞めたいと言っている」

「嫌なお客さんがいると言ってきて、うっとうしい」

ドライな浜口は悩んでいる当事者と向き合おうとしなかった。そして、スタッフに愚痴を言われたという愚痴をマサオに吐き出すのだ。

（こいつは従業員のことが嫌いなのか？　ちゃんと話せば、その子だってがんばれる、笑顔で働けるはずなのに。壁をつくってバカにしてるだけじゃないか）

ここにいたって、マサオはようやく浜口の問題点を把握した。社員がどんどん辞めていくのは、浜口のその態度のせいだとわかったのだ。

「結局、今までなにやってたの？」

「いや、専務として仕事したつもりです」

「いや、やってないじゃん、なにも。広夢くんに丸投げで。もうボロボロだよ。スタッフみんな困ってるよ」

一生懸命動いているスタッフに迷惑をかける人間に、マサオは容赦がない。こうなると、もう歯止めがきかなかった。

「やるの？　やらないの？　おまえ、どうしたいの？　現場に入って立て直せばいいじゃん。それがおまえの仕事でしょ」

浜口はなにも言わず、下を向いていた。

「浜口さあ、もう独立しなよ」

「いや、ずっと前から僕も考えてました」

内心、マサオは（本当かよ？）と思ったが、それは口にしなかった。

「じゃあ、そうしなよ」


会社創業以来の幹部社員は、とうとう広夢1人になって、マサオは憑きものが落ちたようなサバサバした気分だった。

「結局、残るやつが残るってことだよね」

「なんか、オレたち2人だけでよくないすか？　2人でやっていけますよ」

「だよね。広夢くん、マネージャーとして、全店みてくれない？」

「わかりました。浜口がやってた仕事を精査して引き継ぎますね」

広夢が精査すると、浜口は仕事らしい仕事をしていなかったことがわかってきた。新宿店の店長を務めていた頃は、やはり、ほとんど現場に出ていなかった。専務になってからやっていたのは、従業員の給与計算だけだった。そして、マサオに認められた交際費を着服し、自分が使った飲食代を会社の経費として計上していたのだ。小原に比べればスケールは小さかったものの、浜口の裏切りが発覚して、マサオは任せきりにしたことをまたも反省せざるをえなかった。

そのあと、マサオと広夢が、全従業員のヒアリングをして問題点を洗い出して解決に努めると、従業員に笑顔が戻った。わずか15日で会社が整ったのは驚きであり、その問題点が放置されてきたことの証左《しょうさ》でもあった。

フランチャイズ制

浜口の一件は痛手ではあったものの、結果的には会社にとってよい作用をもたらしたのかもしれない。ムダを削ぎ落とし、より緊密になったマサオと広夢の二人三脚によって、これまでになかったほど順調に組織は回りだした。

立ち止まることを知らないマサオは、バー事業のフランチャイズ化に乗り出すチャンスだと考えていた。これまでは仲間内だけで完結させていたフランチャイズ制を洗練させる構想で、オーナーを募り、店舗の選定・取得からバー運営の実際まで、株式会社MJSがサポートしてロイヤリティーを得る事業だ。これが成功すれば、「SHOTBAR MAO」をブランド化し全国に広げることができる。

「でも、バーで大事なのって結局人じゃないすか。ロイヤリティーを払うんなら、自分でやるよってならないすかね」

広夢の疑問はもっともで、マサオが当初苦慮した点はまさしくそこだった。

（うちのストロングポイントは……不動産じゃないか！　バーは素人でもはじめることができる。でも、立地条件がよくて集客に困らない物件を選んで、賃貸契約を結ぶことができるか？）

「だからさ、広夢くん。そこでオレの不動産スキルが生きるわけよ。優良物件を選んで失敗しないバー経営に結びつける」

マサオのテナント選びのたしかさは、実際に多くのお客さんが通うバーのカウンターに立つことで身をもって知っている。

(やっぱり、この人の考えることはおもしろいな)

広夢がマサオの顔を見つめると、マサオはさらに言った。

「それにさ、オレたちはいろいろとつらいことも経験したわけじゃない。オレたちみたいな目に合わないために、どうすればいいかも提案できるじゃない?」

フランチャイズオーナーを募るのは簡単ではない。マサオはビジネスパートナーとして、株式会社アントレを選んだ。マサオが描いたスキームを公表し、フランチャイズオーナー募集の広告を出すためだ。アントレは独立開業、フランチャイズ募集のための情報誌を出版し、情報サイトを運営している最大手だ。

広告を出すためのハードルは高かった。いいかげんな会社の広告を出して、フランチャイズオーナーが被害にあえば、アントレの信頼は揺らぐことになるのだからそれは当たり前で、出広審査のために事業内容を説明した書類、財務状況がわかる財務諸表を求められた。

マサオの熱意にほだされた担当者の尽力もあり、「SHOTBAR MAO」のフランチャイズオーナー募集の広告は無事に出すことができた。

反響はまもなくあった。出店希望者との面談も回数を重ねた。だが、成約までこぎつけることができない。広夢が危惧したとおりだったのだ。

「やろうと思えば、自分でできそう」

「ロイヤリティーを払ってまでやる意味が感じられない」

そんな反応を受けて、マサオは悩んだ。

（うちのビジネススキームが間違ってるとは思えない。オレの説明の仕方が悪いのか？）

ぐずぐず悩むより、行動するのがマサオのやり方だ。事例を調べまくってライセンス契約で成功している企業にアタリをつけ、アントレの担当者に相談して、その企業の経営者に会った。

「どうやってフランチャイズ店を増やしたんですか？　どんな営業をしてるんですか？」

マサオの質問に、その経営者はこともなげに答えた。

「営業なんてしないよ。『質問ある？』って聞いて、あったら質問に答えるだけ。やりたいんだったら、やればっていうスタンスだよ」

マサオは衝撃を受けた。

（オレの営業は丁寧すぎて、相手を悩ませるだけだったんだ）

知ってしまえばなんということはない、コロンブスの卵のようなもの。ポイントだけを押さえた説明に切り替え、一気にフランチャイズ契約は増えた。

マサオがうれしかったのは、アントレの担当者渡辺がフランチャイズに加盟してくれたことだった。マサオの熱意に真正面から応えてくれたうえに、フランチャイズ制を知り尽くしている人物が加盟してくれた。それはプロから見ても、「SHOTBAR MAO」のスキームに魅力があることを意味する。最高のモデルケースだ。

渡辺はアントレの本社がある赤坂に出店した。アントレの社員たちがバーに遊びにきてくれるのもうれしい。なにより、渡辺とのつながりが深まったことがマサオの喜びだった。

「SHOTBAR MAO」加盟店は、2023年4月現在、20店。全国の加盟店オーナーを招待して、東京ドームで忘年会を催す日がくることを、マサオは夢見ている。

skill

事業を大きく成長させたいなら人の管理はしっかり行うべき

私の失敗に学んでほしいスタッフの管理

このテーマは、バービジネスを成功させて事業を拡大したいと考えている方に向けた話です。オーナー店主が現場に出て、目の届くところに少数のスタッフがいる場合には、あまり当てはまりません。そのことをご理解のうえ、私の失敗をケーススタディーにしてほしいと思います。

私は人を使うことがうまいと思っていました。ところが2度も失敗しています。バービジネスをやるうえで最も難しい部分かもしれません。人を信じることは今でも大切だと思っています。でも、信じすぎてもいけない。私は辞めていった幹部社員たちを信じすぎてしまいました。権限を与えて、責任を取らせなかった。

期限を決めて結果を出せなかったら降格、会社の信用を損ねたり、損害を与えたら減給。普通の会社がやっているようなことを一切していなかったということです。そういう意味では私は経営のプロとはいえず、アマチュアだったのかもしれません。

自分たちが責任者であるという自覚をもたせることもできていませんでした。部下を動かして結果が出ないまま、自分たちはなにもしていないという状況は組織全体に悪影響をおよぼしました。

ただ、バーは通常の会社組織とは違う部分もあると私は思います。人と人のつながりが大切で、ビジネスライクに仕事さえこなしていればいいというものでもない。人を魅了して成り立つ業界であり、そこが欠けても失敗するでしょう。だから、私は彼らを部下とは考えず、仲間と思っていたのです。

今、考えれば、通常の会社でいう「ホウレンソウ」＝報告・連絡・相談はさせるべきでした。ただし、毎日の業務報告が必要だとは思いません。そこにあまりエネルギーを費やしても意味はない。重要な局面だけでいいと思っています。

マネージャーとの関係は良好で、意思疎通は密ですが、それでも穴はあります。それが人間関係というものだと思います。

バービジネスの特殊性について、もうひとつ触れておきましょう。私の経験上、バービジネスに入ってくる若いスタッフの悩みは、個人的・感情的な問題がほとんど。「あのお客さんが嫌い」「お酒は飲みたくない」「掃除をしたくない」「私はこんなに働いているのに、あいつはやらないから嫌い」……それを経営者が細かく面倒をみてしまうと、足を引っ張られます。そういうメンタルケアをできるリーダーを育てるのが、店をうまく回すポイントです。

小規模なお店だったら目が届きますから、トラブルは起きにくいと思います。

家族経営みたいなものと思って、スタッフの面倒をみるのが理想です。2店舗くらいまでなら、十分やっていけるでしょう。それも嫌なら、店主1人のワンオペで回して、のんびり経営したほうがいいと思います。

POINT8 ◀

◇事業を大きくしたいなら、人の管理はしっかり行うべき。信用することが大切だけれども、信じすぎると失敗する。
◇スタッフのメンタルケアできるリーダーを育てるのが、店をうまく回すポイント。
◇小規模なバーなら、家族経営のつもりになってスタッフのメンタルケアも店主が行いたい。それが嫌ならワンオペでのんびりやるのがおすすめ。

vision

バー事業を安全に展開したいならフランチャイズ制を検討してほしい

事業計画はしっかり立てて、過剰融資には要注意！

開業資金を融資で賄《まかな》う際に気をつけていただきたい点について解説します。

バーを開業するために自己資金だけでは足りず、融資をあおぎたいと思ったとします。たとえば、利率の低い政策金融公庫、あるいは銀行でお金を借りたい。なかなか審査は通りません。そこで資金調達のプロである融資コンサルタントに頼ると、あら不思議。それまで通らなかった審査に通り、お金が借りられます（もちろん、すべての場合に当てはまるわけではありません）。

どうすれば融資が受けられるか熟知している融資コンサルタントは、大きくお金を借りるために、ちょっと過剰な盛り方をした事業計画書をつくってくれるから審査に通るわけです。彼らががんばるのは、マージンがほしいから。賃貸借物件に見合った額ではなく、過剰に引っ張ってしまうこともあります。つまり、過剰融資です。

融資コンサルタントのおかげで、うまく開業できたとします。ところが、思いどおりに売上は立たず、もっとこうしたらよくなるのではないかと、広告に費用をかけたり、人件費にお金使ってしまったり、過剰に融資されたなかから融通して、2年後に倒産して借金だけが残るというのが、最悪のパターンです。

事業計画書をうまくつくって融資が下りるようにしてくれるわけですから、融資コンサルタントを利用するのが悪いというわけではありません。それに油断するのが問題なのです。「お金が下りたからよかった」ではなく、現実的な事業計画をしっかりと立てて開業する。これを肝に銘じてほしいと思います。

株式会社MJSのフランチャイズ事業

ここまでお読みいただいておわかりのとおり、私たちはこれまで「SHOTBAR MAO」で培ってきた経営ノウハウを元に、飲食店のフランチャイズ事業を行っています。この事業には私が苦労して習得してきたバービジネスに関する知識と、事業をうまく回していくための知恵が詰め込まれています。

興味をもたれた方には、ぜひ弊社のホームページをご覧いただくことをおすすめすることにして、本書ではホームページには記していないことをできるだけ説明いたしましょう。

私たちのフランチャイズ事業、最大の特色はテナントの選定・契約だと私は考えています。ストーリーパートで紹介したように、立地条件が集客のカギであり、バービジネスに有望なテナントを借りるためには不動産の知識と交渉術が要求されます。はっきり申し上げると、この点が不動産経験のない方にはたいへん難しい。不動産会社勤務の経験があった私ですら、最初のバーを開業したときにはここで間違えました。開業するときに不動産関係のアドバイスがあったらうまくいっていたのにと、今でも思うことがあります。

そして、もうひとつの特色は、私たちが失敗から学んだ知恵が生かされているということ。私がやってしまった失敗をフランチャイズオーナーさんたちに味わってほしくありません。フランチャイズ化を進めていく過程で、みなさん、いろいろとやりたいことを相談されます。そのとき、「そうすると、こうなりますよ」「やめたほうがいいですよ」とアドバイスできるのが強みです。

これまで、私たちのフランチャイズ事業に加盟いただいた方たちは、いずれも意欲的な方ばかりですが、それでもオーナーさんによって熱量の差があり、それはみごとに売上に反映されます。ですから、投資目的だけではなく、バービジネスに夢をもっている方にぜひ加盟してほしいと思っています。

フランチャイズ加盟希望の場合、お問い合わせからオープンまで、7ステップが設定されています。

このうち、重要なのは、まず「ステップ4」。物件契約で間違えると、バーの成功はありません。そして、ここが私たちの腕の見せどころでもあり、ご希望のエリアのなかで、自信をもっておすすめできる物件を選び出し、同意いただいたのちに契約を結びます。

FC加盟店オープンまでの流れ

ステップ1　お問合せ・資料請求
ステップ2　事業説明会・導入エリアの検討
ステップ3　加盟申込書提出・審査
ステップ4　加盟契約・物件契約
ステップ5　オープン準備
ステップ6　研修・店舗内外装工事
ステップ7　店舗オープン

「ステップ6」の研修も重要です。ここまで繰り返し、「バーは人が重要」であることを記してきました。そのスタッフがしっかりお客さんにサービスできればバーは成功します。そのためのサービス技術や店内オペレーションをお教えするのが研修です。研修期間で習得できない場合は、「ステップ7」オープン後も定期的に本部スタッフが訪問し、経営支援や運営のサポートをしますから、心配はいりません。

フランチャイズ加盟希望のオーナーさんに私から説明する際は、お金の話が中心になります。仮に月々の賃料が20万円だとすると、テナントの賃貸契約締結にかかる費用は200万円くらい。私たちからバーのノウハウのすべてを提供する「加盟金」が200万円、さらに内装工事にかかる費用が200万から300万円。すべて併せると600万から700万円の開業資金を用意していただいています。

「加盟金200万？　そんなにかかるなら自分でやるよ」という方が一定数いらっしゃいます。そのお気持ちはよくわかります。バーをはじめた頃の私も、きっとそう言うでしょう。

FC　開業資金の一例（賃貸料月額 20 万円）

加盟金	200 万円
テナント契約料	200 万円
内装工事費	200 万～ 300 万円
総計	**600 万～ 700 万円**

けれども、素人の方には難しいテナントの目利きと取得をサポートすること、テナントが決まったあとにはスタッフの募集をかけて、その面接も私たちが対応すること、そして、選りすぐりの人材を私たちが1週間でも1ヶ月でもサポートして教育し、お店を成り立たせる仕組みをつくることを考慮いただければ、決して高いとはいえないと思うのです。

つまり、失敗しないためのノウハウを買っていただく加盟金が200万円。それでも高いでしょうか？

最後にフランチャイズの開業資金の一例と損益モデルケースを紹介しておきましょう。バービジネスに魅力を感じている方は、ぜひ私たちの株式会社ＭＪＳにお問い合わせください。

FC　損益モデルケース（月当たり）

総集客数（年間）	4,500 人
客数	500 人
客単価	4,000 円
純売上高	2,000,000 円
変動費	415,000 円
ロイヤリティー	100,000 円
広告分担金	15,000 円
仕入れ原価（10%）	200,000 円
決済手数料（5%）	100,000 円
粗利益（限界利益）	1,585,000 円
固定費	1,020,000 円
人件費 3 名（25%）	500,000 円
法定福利費	50,000 円
交通費	10,000 円
地代家賃	250,000 円
保険料	10,000 円
水光熱費	100,000 円
通信使用料	50,000 円
諸経費	50,000 円
営業利益	565,000 円
償却前営業利益	565,000 円
営業利益率	28.25%
償却前営業利益率	28.25%

エピローグ――夢

若い頃は、仕事をしているという感覚はなかった。

バーカウンターに立つこと自体が楽しく、売上が立つのがうれしく、バーが生活の一部であり、プライベートと仕事が一体となってオン・オフで切り替わらない感じ。ずっとオンに入りっぱなしで、遊びたくなったら友達を店に呼んで、営業中に遊んでいた。

もちろん、酒場の常でトラブルは山ほどあった。客同士のケンカを仲裁しなければならないことも、理不尽に絡まれることもあった。だが、それをはるかに上回る喜びがあった。

カウンター席には、仕事も違う、年齢も性別も違う客が座っている。その一人ひとりの好みを把握し、あの手この手で少しずつ盛り上げ、一体感を出す。

「みんなで乾杯しますか?」

part.5
裏切り、再生への誓い

「乾杯！」

全員で乾杯し、ちょっと話題を振っただけでドッと沸き、笑い声がバーにあふれる。そのときの達成感と快感に代わるものなどない。

マサオの下でマネージャーを務めるようになってからも、広夢はバーの現場に立ち続けている。現場が好きなのだ。

時々、常連客から言われることがある。

「広夢くんって独立しないの？」

答えはいつも決まっている。

「ボク、その考えは捨てたんすよ。この会社をもっと大きくしたいし、独立したところで、そこに六川マサオはいないわけですから。それじゃあ、おもしろくもなんともないんで。でも、そうですね。また、いつか自分の夢をかなえたいと思うときがくるかもしれませんね」

おわりに――あきらめなければ夢はかなう

23歳のときに独立を決意してから、これまでいろいろなことがあった。

寝ずに働いて貯めた金で、震えながらの賃貸契約。

「もうあとには引けない」

「批判してきた人たちを結果で黙らせなければ男じゃない」

そんな気持ちだった。

苦労の末にバーをオープンして1ヶ月後に東日本大震災。30万円分の酒瓶がすべて割れ、営業ができない状態になった。「それでもやるしかない」と、心を奮い立たせた。

おわりに

奮起の甲斐なく売上は立たず、従業員の給料を払うために昼の仕事をはじめたあと、その従業員から「店を閉める選択もありなんじゃないか」と言われた。私の心をささくれ立たせた、この言葉は今でも心に刻まれている。

「閉めるくらいなら、はなから勝負なんかしないわ、ボケ」

1年半の間、ギリギリの経営で耐えて移転を決意。そこからの立て直し期間、たくさんのお客さまの支えと、従業員のおかげで、ハイピッチで店舗展開をするまでになれた。

会社が大きくなるにつれ、やりたいことも増え、さらにさまざまなことにチャレンジした。しかし、そこで待っていたのは従業員教育の難しさと、落とし穴のような試練だった。

信頼して店の管理を任せた人間にウソをつかれ、会社は食いものにされた。キャッシュがどんどんなくなって、従業員に給料が支払えるか、失禁するほどの恐怖を覚えたことがある。この恐怖は経営者の最初の試練なのかもしれない。

それもこれも、人を信じすぎてしまう経営者としての私の未熟さゆえだった。みんなで夢をかなえたかったし、できると素直に信じていた。けれども、それは間違っていた。

たくさんの失敗があって、地獄を何度も味わったが、あきらめなかったから〝今〟がある。そして、現在のＭＡＯグループがあるのは、間違いなくその時代をつくってくれた従業員たちのおかげだ。

ウソが発覚し居場所がなくなって逃げるように去っていった者、居酒屋事業をやりたいと懇願して３０００万円もの負債を残し辞めていった者、従業員を教育する立場を与えたにもかかわらず、恐怖支配で従業員の笑顔を奪い、なにもせずに辞めていった者……。

もう全部許すよ。いつでも戻ってこいよ。去っていったお前らが後悔するように、死ぬ気でこの会社を大きくしてきたんだ。成長したみんなとまた会えることを、ＭＡＯのカウンターで楽しみに待っている。

おわりに

私がこの書籍を通じて、読者の皆さまに伝えたいのは、あきらめなければ必ず成功できるということ。私の失敗を反面教師としていただければ幸いです。

末尾となりましたが、本書出版に当たってご協力いただきました皆さまに、心より感謝と御礼を申し上げます。本当にありがとうございました。

六川正男

2023年8月

六川正男（ろくがわ まさお）

株式会社 MJS 代表取締役。1986 年、長野県軽井沢町生まれ。慶應義塾大学中退。不動産会社勤務などを経て、23 歳時に独立しバーを開業。以後、株式会社 MJS を設立し、バー事業とともにフランチャイズ事業を展開している。

Bar《バー》 Dream《ドリーム》

どん底《ぞこ》からはじまる「BAR《バー》経営《けいえい》」のサクセスストーリー

2023年9月1日　第1刷発行

著　者　　六川正男
発行人　　久保田貴幸

発行元　　株式会社 幻冬舎メディアコンサルティング
〒151-0051　東京都渋谷区千駄ヶ谷4-9-7
電話　03-5411-6440（編集）
発売元　　株式会社 幻冬舎
〒151-0051　東京都渋谷区千駄ヶ谷4-9-7
電話　03-5411-6222（営業）

印刷・製本　　中央精版印刷株式会社
装　丁　　弓田和則

検印廃止

ISBN 978-4-344-94422-0 C0095
幻冬舎メディアコンサルティングＨＰ
https://www.gentosha-mc.com/